Learn Swedish with Baron Olson and Other Stories

HypLern Interlinear Project
www.hyplern.com

Second edition: 2025, August

Author: Sigge Strömberg
Translation: Kees van den End
Foreword: Camilo Andrés Bonilla Carvajal PhD

ISBN: 978-1-989643-67-9

kees@hyplern.com
www.hyplern.com

Learn Swedish with Baron Olson and Other Stories

Interlinear Swedish to English

Author
Sigge Strömberg

Translation
Kees van den End

HypLern Interlinear Project
www.hyplern.com

The HypLern Method

Learning a foreign language should not mean leafing through page after page in a bilingual dictionary until one's fingertips begin to hurt. Quite the contrary, through everyday language use, friendly reading, and direct exposure to the language we can get well on our way towards mastery of the vocabulary and grammar needed to read native texts. In this manner, learners can be successful in the foreign language without too much study of grammar paradigms or rules. Indeed, Seneca expresses in his sixth epistle that "Longum iter est per praecepta, breve et efficax per exempla[1]."

The HypLern series constitutes an effort to provide a highly effective tool for experiential foreign language learning. Those who are genuinely interested in utilizing original literary works to learn a foreign language do not have to use conventional graded texts or adapted versions for novice readers. The former only distort the actual essence of literary works, while the latter are highly reduced in vocabulary and relevant content. This collection aims to bring the lively experience of reading stories as directly told by their very authors to foreign language learners.

Most excited adult language learners will at some point seek their teachers' guidance on the process of learning to read in the foreign language rather than seeking out external opinions. However, both teachers and learners lack a general reading technique or strategy. Oftentimes, students undertake the reading task equipped with nothing more than a bilingual dictionary, a grammar book, and lots of courage. These efforts often end in frustration as the student builds mis-constructed nonsensical sentences after many hours spent on an aimless translation drill.

Consequently, we have decided to develop this series of interlinear translations intended to afford a comprehensive edition of unabridged texts. These texts are presented as they were originally written with no changes in word choice or order. As a result, we have a translated piece conveying the true meaning under every word from the original work. Our readers receive then two books in just one volume: the original version and its translation.

The reading task is no longer a laborious exercise of patiently decoding unclear and seemingly complex paragraphs. What's more, reading becomes an enjoyable and meaningful process of cultural, philosophical and linguistic learning. Independent learners can then acquire expressions and vocabulary while understanding pragmatic and socio-cultural dimensions of the target language by reading in it rather than reading about it.

Our proposal, however, does not claim to be a novelty. Interlinear translation is as old as the Spanish tongue, e.g. "glosses of [Saint] Emilianus", interlinear bibles in Old German, and of course James Hamilton's work in the 1800s. About the latter, we remind the readers, that as a revolutionary freethinker he promoted the publication of Greco-Roman classic works and further pieces in diverse languages. His effort, such as ours, sought to lighten the exhausting task of looking words up in large glossaries as an educational practice: "if there is any thing which fills reflecting men with melancholy and regret, it is the waste of mortal time, parental money, and puerile happiness, in the present method of pursuing Latin and Greek[2]".

Additionally, another influential figure in the same line of thought as Hamilton was John Locke. Locke was also the philosopher and translator of the Fabulae AEsopi in an interlinear plan. In 1600, he was already suggesting that interlinear texts, everyday communication, and use of the target language could be the most appropriate ways to achieve language learning:

> ...the true and genuine Way, and that which I would propose, not only as the easiest and best, wherein a Child might, without pains or Chiding, get a Language which others are wont to be whipt for at School six or seven Years together...[3]

---

1   "The journey is long through precepts, but brief and effective through examples". Seneca, Lucius Annaeus. (1961) Ad Lucilium Epistulae Morales, vol. I. London: W. Heinemann.

2   In: Hamilton, James (1829?) History, principles, practice and results of the Hamiltonian system, with answers to the Edinburgh and Westminster reviews; A lecture delivered at Liverpool; and instructions for the use of the books published on the system. Londres: W. Aylott and Co., 8, Pater Noster Row. p. 29.

3   In: Locke, John. (1693) Some thoughts concerning education. Londres: A. and J. Churchill. pp. 196-7.

Who can benefit from this edition?

We identify three kinds of readers, namely, those who take this work as a search tool, those who want to learn a language by reading authentic materials, and those attempting to read writers in their original language. The HypLern collection constitutes a very effective instrument for all of them.

1. For the first target audience, this edition represents a search tool to connect their mother tongue with that of the writer's. Therefore, they have the opportunity to read over an original literary work in an enriching and certain manner.
2. For the second group, reading every word or idiomatic expression in its actual context of use will yield a strong association between the form, the collocation, and the context. This will have a direct impact on long term learning of passive vocabulary, gradually building genuine reading ability in the original language. This book is an ideal companion not only to independent learners but also to those who take lessons with a teacher. At the same time, the continuous feeling of achievement produced during the process of reading original authors both stimulates and empowers the learner to study[1].
3. Finally, the third kind of reader will notice the same benefits as the previous ones. The proximity of a word and its translation in our interlinear texts is a step further from other collections, such as the Loeb Classical Library. Although their works might be considered the most famous in this genre, the presentation of texts on opposite pages hinders the immediate link between words and their semantic equivalence in our native tongue (or one we have a strong mastery of).

---

1 Some further ways of using the present work include:

1. As you progress through the stories, focus less on the lower line (the English translation). Instead, try to read through the upper line, staying in the foreign language as long as possible.
2. Even if you find glosses or explanatory footnotes about the mechanics of the language, you should make your own hypotheses on word formation and syntactical functions in a sentence. Feel confident about inferring your own language rules and test them progressively. You can also take notes concerning those idiomatic expressions or special language usage that calls your attention for later study.
3. As soon as you finish each text, check the reading in the original version (with no interlinear or parallel translation). This will fulfil the main goal of this

collection: bridging the gap between readers and original literary works, training them to read directly and independently.

Why interlinear?

Conventionally speaking, tiresome reading in tricky and exhausting circumstances has been the common definition of learning by texts. This collection offers a friendly reading format where the language is not a stumbling block anymore. Contrastively, our collection presents a language as a vehicle through which readers can attain and understand their authors' written ideas.

While learning to read, most people are urged to use the dictionary and distinguish words from multiple entries. We help readers skip this step by providing the proper translation based on the surrounding context. In so doing, readers have the chance to invest energy and time in understanding the text and learning vocabulary; they read quickly and easily like a skilled horseman cantering through a book.

Thereby we stress the fact that our proposal is not new at all. Others have tried the same before, coming up with evident and substantial outcomes. Certainly, we are not pioneers in designing interlinear texts. Nonetheless, we are nowadays the only, and doubtless, the best, in providing you with interlinear foreign language texts.

Handling instructions

Using this book is very easy. Each text should be read at least three times in order to explore the whole potential of the method. The first phase is devoted to comparing words in the foreign language to those in the mother tongue. This is to say, the upper line is contrasted to the lower line as the following example shows:

"Skall	herrn	köpa	en	hundralapp!"
Shall	the gentleman	buy	a	bill of hundred

The second phase of reading focuses on capturing the meaning and sense of the original text. As readers gain practice with the method, they should be able to focus on the target language without getting distracted by the translation. New users of the method, however, may find it helpful to cover the translated lines with a piece of paper as illustrated in the image below. Subsequently, they try to understand the meaning of every word, phrase, and entire sentences in the target language itself, drawing on the translation only when necessary. In this phase, the reader should resist the temptation to look at the translation for every word. In doing so, they will find that they are able to understand a good portion of the text by reading directly in the target language, without the crutch of the translation. This is the skill we are looking to train: the ability to read and understand native materials and enjoy them as native speakers do, that being, directly in the original language.

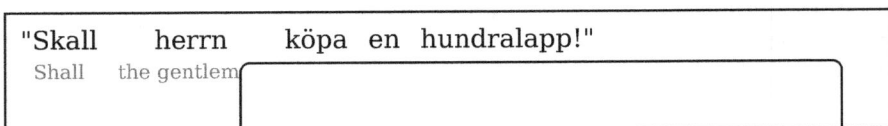

"Skall   herrn   köpa en hundralapp!"
Shall   the gentlem

In the final phase, readers will be able to understand the meaning of the text when reading it without additional help. There may be some less common words and phrases which have not cemented themselves yet in the reader's brain, but the majority of the story should not pose any problems. If desired, the reader can use an SRS or some other memorization method to learning these straggling words.

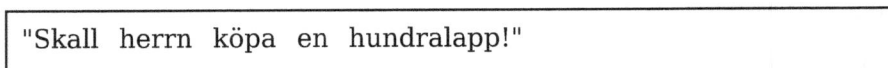

"Skall herrn köpa en hundralapp!"

Above all, readers will not have to look every word up in a dictionary to read a text in the foreign language. This otherwise wasted time will be spent concentrating on their principal interest. These new readers will tackle authentic texts while learning their vocabulary and expressions to use in further communicative (written or oral) situations. This book is just one work from an overall series with the same purpose. It really helps those who are afraid of having "poor vocabulary" to feel confident about reading directly in the language. To all of them and to all of you, welcome to the amazing experience of living a foreign language!

Additional tools

Check out shop.hyplern.com or contact us at info@hyplern.com for free mp3s (if available) and free empty (untranslated) versions of the eBooks that we have on offer.

For some of the older eBooks and paperbacks we have Windows, iOS and Android apps available that, next to the interlinear format, allow for a pop-up format, where hovering over a word or clicking on it gives you its meaning. The apps also have any mp3s, if available, and integrated vocabulary practice.

Visit the site hyplern.com for the same functionality online. This is where we will be working non-stop to make all our material available in multiple formats, including audio where available, and vocabulary practice.

Table of Contents

Chapter | Page

ÖMSESIDIGT FÖRTROENDE

ÖMSESIDIGT FÖRTROENDE
Mutual   Trust

Den	unge	mannen,	som	sakta	gick	framåt	gatan,
The	young	-the- man	who	slowly	went	forth at (along)	the street

var	blåögd	och	ljushårig,	hans	byxben	slängde	vida
was	blue eyed	and	light haired (blond)	his	trousers	dangled	far

ovanför	ett	par	knöliga	skor,	och	under
above	a	pair	(of) lumpy	shoes	and	under

nacksnagget	var	skinnet	rakat.	Jo	då,	det	var	en
the neck crew cut	was	the skin	shaven	Yes	then	that	was	a

svensk-amerikan.
Swedish-American

Den	uppfattningen	fingo	också	Anton
That	understanding	got	also	Anton

Fröjd-Karlsson-Grönsten	och	Johan	Järnhand,	och
Frojd-Karlsson-Gronsten	and	Johan	Jarnhand,	and

de försiktigt närmade sig den unge
they carefully approached -themselves- the young

mannen, ty Grönsten och Järnhand voro ett par
-the- man since Gronsten and Jarnhand were a pair

framstående medlemmar av bondfångarnas skrå,
distinguished members of the conmen's guild

och de vädrade sköna, amerikanska långschalar i
and they smelled beautiful American long shawls in
(money bills)

svensk-amerikanens plånbok.
Swedish-American's wallets

Den ljushårige tittade uppåt husväggarna och
The light-haired (man) looked up at the house walls and

smålog överlägset. Trevåningshus! Att de gitte
smiled superior Threestory-houses That they managed

bygga sånt. Nej, om de hade minsta begrepp
to build such No if they had (the) least understanding

om saker och ting så skulle de smälla opp
about objects and things so should they pop up

tio-tolv · våningar · i · sänder. · Mer · kunde · man · väl
ten-twelve · stories · in · sends · More · could · one · surely
at a time

inte · begära · här · i · gamla · landet.
not · wish · here · in · old · the land
in the old land

Han · väcktes · ur · sina · drömmerier · av · en · röst.
He · woke · out (of) · his · reveries · of · a · voice

Och · rösten · var · Grönstens.
And · the voice · was · Gronsten's

"Beg · pardon, · mister. · Kan · ni · säja · mej · hur · jag · skall
Beg · pardon · mister · Can · you · tell · me · how · I · shall

gå · för · att · komma · till · järnvägsstationen?"
go · for · to · come · to · the iron-road's-station
(the railway station)

"No!" · svarade · den · ljushårige.
No · answered · the · light-haired (one)

"Inte? · Ja, · då · får · jag · fråga · någon · annan. · Se · jag · är
Not · Yes · then · get · I · to ask · some · other · See · I · am

främling · i · stan, · kommer · just · från · Amerika. · Det
foreigner · in · the city · come · just · from · America · That

är ett land det, skall jag säga   herrn.   Det är
is a land that shall I say -the- gentlemen That is

annat än Sweden."
different than Sweden

Den   ljushårige   log överlägset.
The light-haired (one) smiled superior

"Yes, jag vet! Kommer också just därifrån."
Yes I know Come also just from there

"Åh, nä men det var roligt--"
Ah now but that was funny

Bekantskapen   var snart formerad, och en liten
The acquaintance was quickly formed and a little

stund senare sutto tre "svensk-amerikaner" inne
while later sat three Swedish-Americans inside

på ett kafé och läskade sina strupar med krisöl,
-at- a bar and quenched their throats with crisis beer

och de skröto i munnen på varandra om hur
and they boasted in the mouth on each other about how

5

mycket pengar de förtjänat där ute i det
much money they earned there out in that

underbara landet.
wondrous -the- land

"Se här!" sade Grönsten och bläddrade vräkigt i
See here said Gronsten and leafed flashy in

en plånbok stinn av reklamlappar, som vid
a wallet plump of advertisement folders which with

flyktigt påseende liknade sedlar. En riktig
fleeting on-looking looked like (money) bills A real
(glance)

tusenlapp och ett par hundralappar höll han fram
thousand bill and a few hundred bills got he forth

till närmare inspektion.
for nearer inspection

"Här bräcker du ingen!" sade Järnhand och vinkade
Here trump you none said Jarnhand and waved

med en lika stinn sedelbok, där det också
with a similar plump banknote book there it also
(wallet)

fanns några äkta hundralappar. "Visa nu att du
was found some real hundred bills Show now that you

också har pengar, Jackson!"
also have money Jackson

Svensk-amerikanen ändrade inte en min, men
The Swedish-American changed not a expression but
(his)

drog upp sin plånbok, och lät en bankanvisning på
drew up his wallet and let a bank instruction on

femton tusen dollars glimta framför
fifteen thousand dollars glimpse before

bondfångarnas lystna ögon.
the conmen's shining eyes

De växlade en blick. Här var ett kap att göra.
They exchanged a glance Here was a bargain to make

Järnhand beställde en vin. Vinet dracks, och
Jarnhand ordered a wine The wine was drunk and

mera vin dracks och ännu mera vin togs in.
more wine was drunk and still more wine was taken in

Men när de tre korten kommo fram vägrade
But when the three cards came forth refused

Jackson i alla fall i vändningen; han spelade inte
Jackson in all falls in the turn he played not

kort, sade han.
card said he

"Visst ska du spela när vi bjuder på vin", så
Sure shall you play when we treat at wine said

Grönsten hotande. "Du ska väl inte bara sitta och
Gronsten threatening You shall well not just sit and

bli bjuden utan vara kamrat också."
become treated without to be comrade also

"Well", hickade Jackson, som fått lite för mycket.
Well hickuped Jackson who got (a) little too much

"Jag skall bjuda på middag med champagne i
I shall treat at dinner with champagne in

stället. Fast jag har inga kontanta pengar. Måste
stead Although I have no cash money Must

i banken först, vänta här, grabbar."
in the bank first wait here guys

Han försökte resa sig, men sjönk tillbaka.
He tried to raise himself but sank back

"Det är inte värt du går ut", sade Järnhand
It is not worth you go out said Jarnhand

välvilligt. "Hit med anvisningen så skall jag
sympathetically Here with the instruction so shall I
(the money order)

hämta pengarna åt dej, så får du sitta här och
fetch the money for you so get you to sit here and

nyktra till under tiden."
sober up during the time

"Vill du det?" sade Jackson, glatt överraskad. "Det
Will you that said Jackson happily surprised That

var hyggligt!"
would be decent

Han fiskade upp checken ur plånboken, men
He fished up the cheque out (of) the wallet but

hejdade sig med en misstänksam blick just när
stopped himself with a distrustful look just when

han var i begrepp att räcka fram den.
he was in concept to reach forth it
about to

"Det är ett stort--hupp--förtroende", sade han
That is a large-hickup-trust said he

tveksamt.
doubtful

"Visst", sade Järnhand lite ängsligt. "Men vi har
Sure said Jarnhand (a) little fearful But we have

väl förtroende för varandra!"
surely trust for each other
(in)

"Jag skall följa med och se efter att han uträttar
I shall follow along and see after that he accomplish

det ordentligt", försäkrade Grönsten.
that properly assured Gronsten

"Nähä", sade Jackson plötsligt. "Vi har förtroende
Naha said Jackson suddenly We have trust

för varandra. Lägg opp era plånböcker på bordet!
for each other (in) Put up your wallets on the table

Hick! Nå opp med dom!"
Hickup Now up with them

Bondfångarna lydde tvekande.
The conmen obeyed hesitatingly

"Seså", fortsatte Jackson. "Nu ligger dom där. Jag
See so continued Jackson Now lay they there I

vet att det är mycke pengar i dom. Nu vaktar
know that it is (there) lots (of) money in them Now guard

jag plånböckerna medan ni går i banken. Jag har
I the wallets while you go in the bank I have

förtroende för er och ni för mig."
trust (in) for you and you for (in) me

Bondfångarna växlade åter en talande blick. Det
The conmen exchanged again a telling glance That

var ju cirka två tusen i äkta sedlar i
was indeed about two thousand in real bills in

plånböckerna, men checken var på över femtio
the wallets　　but　the cheque　was　for　over　fifteen

tusen i svenskt mynt.　Bytet var gott!
thousand in Swedish coin　The exchange was good

"Hit med checken!" sade Järnhand. "Så ska vi
Here with the cheque said Jarnhand　So shall we

hämta pengarna."
fetch　the money

Jackson strök åt sig plånböckerna och
Jackson removed from himself the wallets and

stoppade dem i fickan, sedan lade han
put them in the pocket after laid he

anvisningen på bordet.
the instruction on the table
(the money order)

"Skynda er tillbaks, pojkar", ropade han efter
Haste yourself back boys called he after

bondfångarna när de försvunno genom dörren.
the conmen when they disappeared through the door

Men knappast var dörren stängd förrän
But hardly was the door closed before

svensk-amerikanen plötsligt blev nykter, betalade
the Swedish American suddenly became sober paid

sin förtäring och med spänstiga steg avlägsnade
his consumption and with vigorous pace removed

sig bakvägen.
himself (via) the back way

Dagen därpå meddelade tidningarna, att polisen
The day there on informed the newspapers that the police

äntligen fått sak mot de kända bondfångarna
finally got (a) case against the known -the- conmen

Järnhand och Grönsten. De hade häktats under
Jarnhand and Gronsten They had been detained under

försök att prångla ut en falsk check i banken.
attempt to deal out a false cheque in the bank
(cash)

När de häktades dukade de upp den gamla
When they were detained set they up the old

13

vanliga **historien,** att de fått **checken** av en
usual   story   that they got the cheque from an

obekant **person.**
unknown   person

4

SVÅRSÅLD VARA

SVÅRSÅLD VARA
Heavy Sold   Goods

"Nu för tiden kan man sälja allting och få bra
Now for the time can one sell everything and get well
In this day and age

betalt för det", sade direktör S:son Silverling belåtet
paid for it said director S.-son Silverling pleased

och drog ett par bloss på sin cigarr.
and pulled a few drags on his cigar

Tre av de fyra andra unga gulascher, som
Three of the four other young profiteers who
(of whom)

utgjorde hans auditorium, nickade instämmande,
consisted his auditorium nodded agreeing
(audience)

de hade alla erfarenheter i den vägen, men den
they had all experiences in that -the- way but the

15

fjärde, direktör P:son Perén såg betänksam ut.
fourth director P.-son Peren looked thoughtful -out-

"Inte allt", sade han.
Not all said he

"Min värderade broder", sade Silverling. "Vill du
My respected brother said Silverling Will you

vara av den godheten att ge oss ett exempel,
be of the goodness to give us an example

som bär upp ditt absurda påstående. Har du
which carries up your absurd statement Have you
supports

inte själv sålt höboss som tesurrogat med ett par
not self sold hay-chaff as tea surrogate with a few

tusen procents avans, och har vi inte
thousand percent profit and have we not

allesammans på samma sätt bevisat äktheten av
all together on (the) same side proven the realness of
(in) (manner)

min sats."
my proposition

"Tror du", sade Perén, "att du skulle kunna sälja
Believe you said Peren that you should be able to sell

en hundralapp för hundratjugu kronor?"
a bill of hundred (crowns) for hundred (and) twenty crowns

Silverling skrattade.
Silverling laughed

"Ja, nästan", sade han. "Men det var inte precis
Yes almost said he But it was not exactly

så, jag menade."
so I meant
that, what I meant

"Nå", sade Perén. "Tror du, att du skulle kunna
Now said Peren Believe you that you should be able

sälja en hundralapp för tjugu kronor?"
to sell a bill of hundred (crowns) for twenty crowns

"För tju--jo, tacka katten för det! Det skulle väl
For twen - yes thank the cat for that That should well

vem som helst kunna."
whom(ever) as all be able (to)
(at)

Perén tog långsamt upp sin plånbok och plockade
Peren took slowly up his wallet and picked

fram fem fina och släta nya hundralappar.
forth five fine and brand new bills of hundred

"Antag att vi utnämner Ansén till försäljare. Han
Assume that we choose Ansen to seller He
(as)

är opartisk och dessutom smärt ännu. Han går
is impartial and moreover thin still He goes

hem och tar på sig en av de kostymer, som
home and takes on himself one of the costumes which

han brukade använda innan han började
he used to use before he began

tillverka mjölsurrogat av sågspån, samt
to manufacture flour surrogate from sawdust together with

en sportmössa och när han så ser ut som en
a sport cap and when he so looks -out- like a

vanlig, enkel medborgare skall han gå ut på
common simple citizen shall he go out on

gatan och försöka att sälja dessa fem
(the street and try to sell those five)

hundralappar till fem välklädda medborgare för
(bills of hundred to five well dressed citizens for)

tjugu kronor stycket. Men han får endast fråga
(twenty crowns the piece But he gets only ask)

fem personer. Om tre eller flera köper har jag
(five persons If three or more buy have I)

förlorat och ger dig, Silverling, tio tusen kronor,
(lost and give you Silverling ten thousand crowns)

köper ingen eller endast en eller två, anses din
(buys no one or only one or two is regarded your)

sats, att man kan sälja allt, vederlagd, och du
(proposition that one can sell all refuted and you)

ger mig tio tusen. Dessutom bjuder den förlorade
(give me ten thousand Moreover treats the loser)

sällskapet på en bättre middag."
(the company on a better dinner)

"Topp!" sade Silverling. "Beställ middagen genast,
Top / said / Silverling / Order / the dinner / immediately

du som kommer att förlora. Det säger ju sunda
you / who / come / to / loose / That / say / indeed / healthy

förnuftet, att den, som blir erbjuden en
sense / that / that (one) / who / becomes / offered / a

hundralapp för tjugu kronor tror att
bill of hundred (crowns) / for / twenty / crowns / believes / that

säljaren har mist förståndet, och passar på
the seller / has / missed / the mind / and / attend / on

tillfället att göra ett litet kap."
the opportunity / to / make / a / little / bargain

"Såvida inte samvetet--", sade en av de andra.
Unless / not / the conscience / said / one / of / the / others

"Åh håll mun", sade Silverling.
Oh / hold / (the) mouth / said / Silverling

Någon timme senare drev direktör A:son Ansén
Some / hour / later / drifted / director / A.son / Ansen

klädd i sportmössa och en av de kostymer, han
dressed in sports hat and one of the costumes he

ansåg snygg när han ännu var biträde i en
felt handsome when he still was representative in a

speceriaffär på norr, utefter Hamngatan, med de
sports affair on north out after the Harbour street with the
in the north

fem nya, fina hundralapparna i handen. De övriga
five new fine -the- bills of hundred in the hand The other

fyra herrarna följde hans förehavande från
four -the- gentlemen followed his behavior from

andra sidan gatan.
other the side the street
the other side of the street

Till första offer utsåg han en ung man av
To first victim appointed he a young man of
(As)

affärstyp.
business type

"Skall herrn köpa en hundralapp!"
Shall the gentleman buy a bill of hundred

21

"Vafalls?" sade den andre och stannade.
Wutt said the other and stood
(stopped)

"Köp en hundralapp! Ny och garanterad äkta, för
Buy a bill of hundred New and guaranteed real for

tjugu kronor."
twenty crowns

Den unge mannen granskade Ansén ett ögonblick
The young -the- man examined Ansen a moment

och blev röd.
and became red

"Dra åt skogen, sabla drummel", röt han. "Vore
Draw to the forest blasted lout bellowed he Were
(Go)

det inte mitt på gatan, så skulle ni få smörj.
it not middle on the street so should you get (a) beating

Har ni inget bättre att göra än att gå ute och
Have you nothing better to do than to go out and

driva med folk?"
drive with people
(joke)

Så   gick han.
So   went he
(Then)

Nästa offer blev en äldre gentleman, som först
Next   victim was an older gentleman   who first

noga   förhörde   sig   om   sedelns   äkthet,   och
thoroughly inquired himself about the bill's authenticity and

sedan så demonstrativt såg   sig   om   efter en
then   so demonstratively saw himself around after a
                                                    (for)

poliskonstapel att Ansén fann   sig   föranlåten att
police officer   that Ansen found himself compelled   to

försvinna i   folkhopen   för en stund.
disappear in   the people heap   for a   while
              (the mass of the people)

Nummer tre var en medelålders dam, och hon
Number three was a   middleaged lady and she

blev   genast   intresserad.. Men hon vägrade
became immediately interested   But she refused

envist att ta upp tjugu kronor ur väskan för
stubbornly to take up twenty crowns out (of) the bag for

att lämna dem i utbyte mot hundralappen.
to leave them in exchange against the bill of hundred

Däremot var hon fullt villig att ta emot åttio
However was she fully willing to take -against- eighty

kronor om Ansén ville växla hundralappen i
crowns if Ansen wanted to change the bill of hundred in

en affär.
a business

Därpå strandade den affären, och som tre
There-on stranded the affair and as three

personer nu vägrat köpa måste Silverling till sin
persons now refused to buy must Silverling to his

förvåning erkänna sig slagen, men efter ett kort
surprise admit himself beaten but after a short

sammanträde beslöts att experimentet skulle
meeting decided that the experiment should

fortsättas. Perén särskilt yrkade på detta, emedan
be continued Peren especially contended on that since

han   ville   ha   fastställt   att   sedlarna
he   wanted   have   determined   that   the bills

över huvud taget icke voro säljbara ens till det
over head taken not were salable even for that
    in any case

begärda låga priset.
requested low price

När alltså en landsortslöjtnant på väg till
When also a country's lieutenant on (the) way to

Gymnastikcentralen närmade sig, antastades
the Gym center approached -himself- was groped

han av Ansén:
he by Ansen

"Vill löjtnanten köpa en hundralapp!"
Will the lieutenant buy a bill of hundred

"Köpa vad?" svarade officern och stannade.
Buy what answered the officer and stood (still)

Ansén höll fram sina fem hundralappar
Ansen fetched forth his five bills of hundred

solfjädersformigt och sade:
fan-wise   and   said

"Köp en hundralapp, löjtnanten! Ny och fin och
Buy   a   bill of hundred   lieutenant   New   and   fine   and

garanterad äkta! Kostar bara tjugu kronor."
guaranteed   real   Costs   only   twenty   crowns

I detsamma anlände den femte kunden.
In   that same (moment)   landed   the   fifth   -the- customer
                           (arrived)

Det var tillfällighetsarbetaren Karl Anton Severin
It   was   -the- coincidence worker   Karl   Anton   Severin
          (temporary worker)

Johansson-Blomstergren-Kvick, som passerade vägen
Johansson-Blomstergren-Kvick   who   passed   the way

fram på spaning efter middagskovan, och här
from   on   reconaissance   after   the dinner relapse   and   here

såg han den plötsligt i sagolik riklighet utsträckas
saw   he   it   suddenly   in   fairylike   richness   was extended

framför sig.
before   himself

Kvick ägde inte tjugu kronor, men däremot ägde
Kvick owned not twenty crowns but however owned

han en högt uppdriven förmåga att gripa
he a high inflated ability to grip

tillfället i flykten. Och hans stora svarta näve
the opportunity in the flight And his big black fist

körde blixtsnabbt fram mellan löjtnanten och
drove lightning fast forth between the lieutenant and

Ansén, och grep det i form av fem nya,
Ansen and gripped it in form of five new
(the opportunity)

fina hundralappar.
fine bills of hundred

"Va säjer'u, grabb! Säljer du hundralappar för tjuge
Eh say you guy Sell you bills of hundred for twenty

spänn styck. Å här ä fem stycken. Håll rejt,
bucks (a) piece Ah here are five -the- pieces Hold straight

jag tar klabbet. Fem gånger tjugu är hundra,
I take the chunk Five times twenty is hundred

vassego, här ä hundra kronor till betalning."
surely here are hundred crowns as payment
(visserlig)

Med en artig gest räckte Kvick tillbaka den ena
With an artful gesture handed Kvick back the one

hundralappen till Ansén, stoppade lugnt de andra
-the- bill of hundred to Ansen put calm the other

fyra i fickan och fortsatte sin väg mot de
four in the pocket and continued his road towards the

väntande ådekolångnubbarnas mångfald.
waiting nesting's mutiplicity

ARTIGHET I BARBACKA

ARTIGHET I BARBACKA
Courtesy in Bareback

Den som inte känner till Barbacka, kanske
That (one) who not knows -to- Bareback maybe

tror att detta lilla samhälle med sina 2,394
believes that that small community with its 2394

själar som alla känt varandra sedan barnsben, och
souls who all know eachother since youth and

äro lika hemma i varandras familjehistorier som i
are as home in each others family histories as in

sina egna byxfickor, är särdeles demokratiskt.
their own pants-pockets are especially democratic

Men han tar miste.
But he takes missing
     is wrong

I Barbacka finns en rangskala vars otaliga
In Bareback is found a rank scale whose countless

hårfina nyanser endast en inföding kan hoppas
hair-fine nuances only an inbred can hope
(ultra detailed) (native)

att någonsin kunna bemästra, och det kastväsen,
to in some way be able to master and that caste being
(caste)

som existerar där är oändligt mycket hårdare och
which exists there is endlessly much harder and

mera omöjligt att bryta ned än Indiens.
more impossible to break down than India's

Biträdet i Olsons diversehandel, Johan Persson, var
Assistant in Olsons various trades Johan Persson was
(stores)

infödd barbackabo, och kände sin stad och alla
bred Barebackian and knew his city and all

dess förhållanden på sina fem fingrar, om nu ett
it's relationships on his five fingers if now a

så bleklagt uttryck ·kan användas om en så
so pale-laid expression can be used for a so
(simple)

ingående kännedom. Han visste sin egen position,
thorough knowledge He knew his own position

vilken är den enda punkt på rangskalan, som
which is the one point on the rank scale which

evigt förblir oklar för många barbackabor, och
eternally remains unclear for many Barebackians and

hade på pricken klart för sig hur mycket han
had on the dot clear for himself how much he
to a hair

skulle lyfta på hatten för borgmästaren,
should lift -on- the hat for the mayor

kyrkoherden, lektorn, veterinären och
the church herd the lecturer the veterinary and
the reverant (doctoral university teacher)

de andra honoratiores, och hur pass litet han
the other honorables and how allowable little he

behövde lyfta den för samhällets övriga
needed to raise it for the community's other

inbyggare.
inhabitants

31

Han   fann   det   alldeles   i   sin   ordning   att
He   found   that   all-parts   in   its   order   that
                        (totally)

borgmästaren   besvarade   hams   ödmjuka   hälsning
the mayor   answered   his   humble   greeting

genom   att   lyfta   ett   finger,   och   kyrkoherden
through to   lift   a   finger   and   the reverent

hela   handen till   hattbrättet,   men   skulle ha   blivit
whole   the hand to   the hat-edge   but   should have   been
the whole hand

djupt   förolämpad   om   inte   provinsialläkaren   tagit
deeply insulted   if   not   the provincial doctor   took

i   hattbrättet   och   pastorsadjunkten   inte   lyft
-in-   the hatt edge   and   the pastor's adjunct   not   lifted

hatten två   tum.
the hat two   thumbs

Persson var   således efter   barbackasynpunkt   en
Persson was   as such from   Bareback's point of view a

särdeles   korrekt ung   man   med   lovande framtid,
particularly   correct young   man   with   promising future

och själv drömde han rosiga drömmar om att en
and self dreamed he rosy dreams about to one

gång själv bli diversehandlare, och få se även
time self become various-dealer and get to see even
(store owner)

borgmästaren lyfta på hatten kanske en hel
the mayor lift -on- the hat maybe a whole

decimeter.
decimeter

Men Persson hade också andra drömmar. En av
But Persson had also other dreams One of

hans bästa vänner och f. d. kamrater i affären,
his best friends and f. d. comrade in affairs

Pelle Andrén, hade emigrerat till Stockholm där
Pelle Andren had emigrated to Stockholm there
(where)

han fått plats i något så oerhört fint som
he got place in some so unheard of fine as
(job)

Nordiska Kompaniet, och Persson drömde
(the) Nordiska -the- Company and Persson dreamed

ibland	att	denna	upphöjelse	skulle	kunna
meanwhile	that	that	promotion	should	be able

vederfaras	även	honom.	Och	för	att	undersöka
to befall	even	him	And	for	to	research

möjligheterna	i	den	vägen,	tog	han	sig	en
the possibilities	in	that	-the- way	took	he	-himself-	one

gång	ledigt	och	reste	till	Stockholm.
time	free	and	traveled	to	Stockholm

Persson	hade	aldrig	sett	någon	annan	stad	än
Persson	had	never	seen	any	other	city	than

Barbacka	förr,	och	Stockholm	gjorde	honom
Bareback	before	and	Stockholm	made	him

nästan	andlös.	Något	så	storslaget	hade	han
almost	breathless	Something	so	grand	had	he

aldrig	ens	i	sina	djärvaste	drömmar	kunnat
never	once	in	his	boldest	dreams	been able

föreställa	sig.	I	Andréns	sällskap	besökte	han
to imagine	himself	In	Andrens	company	visited	he

sagolikt   praktfulla   nöjespalats,   sådana   som
fairy tale-like   wonderful   entertainment venues   such   as

Berns   och   Svarta   Katten,   och   såg   hus   så   stora,
Berns   and   Black   -the- Cat   and   saw   houses   so   big
                The Black Cat

att   hela   Barbacka   samhälle   skulle   kunna   bo   i
that   whole   Bareback's   community   should   be able   to live   in

dem,   om   också   lite   trångt.
them   if   also   (a) little   crowded

Andra   dagen   när   de   promenerade   uppför
Other   -the- days   when   they   strolled   up before
                                                    (on)

Birgerjarlsgatan   knuffade   Andrén   honom   i   sidan
the Birgerjarl streen   shoved   Andren   him   in   the side

och   sade:
and   said

"Pass opp! Här   kommer   utrikesministern.   Han
Pass   on   Here   comes   the minister of foreign affairs   He
Look out

är   kund   hos   mig!"
is   customer   with   me

35

Persson höll andan och stirrade. Denne väldige
Persson held the breath and stared That huge

man såg ut som en vanlig dödlig, men dock
man looked -out- like a common mortal but however

inte fullt så vanlig som honoratiores hemma i
not full so common as the honorables at home in

Barbacka, och fastän han inte var klädd i
Bareback and although he not was dressed in

cylinder betraktade Persson honom med en
cylinder (hat) watched Persson him with a

vördnad, som gränsade till andakt.
reverence that bordered on devotion

Men när Pelle hälsade på mannen och denne
But when Pelle greeted -on- the man and that one

artigt och förbindligt hälsade tillbaka brast
polite and obligingly greeted back broke

förtrollningen:
the enchantment

"Nä du, Pellskurk, du går och driver med mig!"
Now you Pellskurk you go and drive with me
joke with me

sade han litet förtörnad. "Det där var ingen
said he (a) little angry That there was no

minister."
minister

"Visst var det det! Varför skulle det inte vara
Sure was that it Wherefore should that not be

det?" svarade Andrén förvånad.
that answered Andren surprised

"Du hälsade ju på honom som på en
You greeted surely -on- him as -on- a

manufakturhandlare med tio tusen kronors
manufacturing dealer with ten thousand crowns

inkomst, och han hälsade tillbaka. Om det hade
income and he greeted back If that had

varit en minister, så skulle du ha gjort halt och
been a minister so should you have made stop and

front　　　och han skulle inte ha　sett　åt dej."
turned to him　and　he　should　not　have　looked　at　you

Andrén skrattade.
Andren　　laughed

"Så är det hemma i Barbacka, ja. Där är
So is that at home in Bareback yes There are

brackorna ohövliga bara för att dom tycker att
the philistines rude just for that they think that

dom ä något. Men här är det inte så. Här
they are something But here is that not so Here

hälsar en schentleman på en annan schentleman,
greets a gentleman -on- an other gentleman

och bryr sig inte om vad han har till
and cares himself not about what he has to
　　　　　　　　　　　　　　　　　　　　(as)

levebröd."
livelihood

"Du vill väl inte slå i mig att en minister tar
You will well not strike into me that a minister takes

av sig hatten för ett handelsbiträde."
off himself the hat for a sales-representative

"Du har nyss sett en göra det."
You have just seen one do that

"Då var det för att du är i Nordiska
Then was that for that you are in (the) Nordiska

Kompaniet."
-the- Company

Andrén sträckte på sig.
Andren stretched -on- himself

"Kanske delvis", sade han självmedvetet. "Men inte
Maybe part-wise said he self conscious But not
(part true)

uteslutande. Om jag hade varit anställd i en vanlig
exclusively If I had been employee in a simple

butik, där statsrådet var kund, så hade han
shop there the states counsel was customer so had he
(where)

lyft på hatten i alla fall."
lifted -on- the hat in all falls
(any) (case)

Persson var fortfarande tämligen tvivlande, men
Persson was still quite doubting but

hans tvivel började rubbas när Andrén då
his doubt began to be dislodged when Andren then

och då hälsade på greve den och konsul den,
and then greeted -on- (a) count that and consul that

ofta flotta herrar i cylindrar och lackskor,
often fashionable gentlemen in high hats and lacquered shoes

ty Andrén stod i herrekiperingsavdelningen,
since Andren stood in the gentleman's equipment department

och Perssons föreställningsvärld ställdes allt mer på
and Perssons imagination's world was set all more on
(imagination)

huvudet.
the head

Men fullt övertygad blev han först när de på
But fully convinced became he first when they on

Strandvägen mötte kronprinsen.
the Beachroad met the crown prince
(the Boulevard)

Nu ihörde kromprinsen visserligen inte till
Now belonged the crown prince surely not to

Andréns kunder, och hade inte heller på annat
Andres customers and had not either on other

sätt ådragit sig förmånen av denne herres
side incurred himself the privilege of that gentleman's

personliga bekantskap, men när han och Persson,
personal acquaintance but when he and Persson

i synnerhet Persson, som lojala rojalister ströko
in particular Persson as loyal royalists removed

av sig hattarna, lyfte han också på hatten.
off themselves the hats lifted he also -on- the hat

Och hans blick tangerade ett ögonblick Perssons
And his glance touched one moment Perssons
(looked at)

ansikte.
face

Det var en ganska avsevärt förändrad Persson,
That was a quite considerably changed Persson

41

som kvällen därpå reste tillbaka till Barbacka,
who the evening there-on traveled back to Bareback

och när han på sin första middagsrast efter
and when he on his first afternoon-break after

ledigheten mötte borgmästaren på Storgatan,
the leave met the mayor on The Large Street
(Main Street)

hälsade han endast som på en specerihandlare
greeted he only as on a grocer

med sex tusen kronors inkomst.
with six thousand crowns income

Borgmästaren gav visserligen Persson en förvånad
The mayor gave surely Persson a surprised

blick, men lyfte dock fingret till hatten och gick
glance but lifted however the finger to the hat and went

vidare.
further

Men i Perssons själ sjöd vreden. Han hade sett
But in Perssons soul simmered the anger He had seen

statsråd, grevar och konsuler lyfta på hatten.
ministers counts and consuls lift -on- the hat

Svea rikes kronprins hade lyft på hatten för
Sveden kingdom's crown prince had lifted -on- the hat for

honom, just för honom, och så bevärdigade en
him just for him and so deigned a

vanlig borgmästare honom endast med en knapp
simple mayor him only with a scanty

honnör. Han beslöt att göra revolution.
honor He decided to do revolution

Nästa gång han mötte borgmästaren var hans
Next time he met the mayor was his

ansikte blekt men bestämt. När borgmästaren såg
face pale but decided When the mayor saw

honom höja armen mot hatten gjorde han
him high the arm towards the hat did he

enligt vanan honnör med pekfingret. Och
according to the habit honor with the point-finger And
(the forefinger)

43

Persson svarade på samma sätt. Mitt på
Persson answered on (the) same side (In the) middle on
(in) (manner)

Barbacka storgata.
Bareback main street

Som träffad av den traditionella blixten stannade
As if hit of the traditional lightning stood still
(by)

borgmästaren och såg efter Persson, som stolt,
the mayor and looked after Persson who proud

men kanske med något veka knän, skred vidare.
but maybe with a bit week knees progressed further

Men den blick, borgmästaren slungade efter den
But the glance (that) the mayor cast after the

unge mannen, kom de närvarande Barbackaborna
young -the- man came the close being -the- Barebackers
(made)

att bäva för Perssons öde.
to shiver for Perssons fate

Tredje mötet mellan Persson och borgmästaren
Third -the- meeting between Persson and the mayor

skedde, även det, på Storgatan, och det på
happened even that on The Large Street and that on
(Main Street)

blanka söndagsförmiddagen till på köpet. Nyheten
(a) shiny sunday morning more on the sale The news
even added to that

om Perssons oerhörda beteende hade naturligtvis
about Perssons unheard behavior had of course

spritt sig, och med andlös spänning avvaktade
spread itself and with breathless tension awaited

det söndagspromenerande Barbacka det som skulle
the sunday strolling Bareback that which would

ske. Ty att borgmästaren skulle ta den
happen As that the mayor would take the

uppstudsige i grundlig upptuktelse stod klart för
insubordinate in thorough lecture stood clear for

alla.
all

Men något helt annat skedde. När
But something wholly different happened When

borgmästaren närmade sig Persson, strök han
the mayor approached -himself- Persson stroke he
(removed)

nämligen av sig hatten med en ödmjukhet, som
namely off himself the hat with a humility which

var alldeles för stor att kunna kallas väl spelad,
was all too large to be able to call well acted

och böjde dessutom sin stolta rygg mot jorden.
and bowed moreover his proud back towards the ground

Då gjorde Persson sitt stora misstag. Han förde
Then made Persson his big mistake He carried

nonchalant pekfingret till mössan och gick förbi.
nonchalant the forefinger to the hat and went past

Han hade glömt
He had forgotten

kronprinsen.
the crown prince (who greeted everyone the same)

Det går an att göra revolution i Ryssland och
Thet goes on to make revolution in Russia and

Portugal, ja, det kanske även kommer att lyckas
Portugal yes it maybe even comes to succeed

här i gamla Sverige som stat betraktat. Men i
here in old Sweden as state regarded But in

Barbacka går det inte.
Bareback goes that not

Persson är nu biträde i Karlssons diversehandel i
Persson is now assistant in Karlsson's warehouse in

Blåmåla och stryker hatten ned till knät när
Bluepaint and strikes the hat down to the knee when
(removes)

han möter Blåmåla borgmästare.
he meets Bluepaint's mayor

Och borgmästaren gör honnör med ett finger.
And the mayor does honor with a finger

47

EN RÄTTSFRÅGA

EN RÄTTSFRÅGA
A   Law Question

"Åjo", sade ingenjören. "Nog kan man alltid skilja
Ayo   said   the engineer   Still   can   one   always   separate

på rätt och orätt, det där har varje människa
-on-   right   and   wrong   that   there   has   each   person

medfött inom sig. Jag för min del behöver aldrig
innately   inside   himself   I   for   my   part   need   never

ta miste på de två sakerna."
take   wrong   on   the   two   -the-   things

"Då gratulerar jag bror", sade advokaten. "Fast
Then   congratulate   I   (you) brother   said   the lawyer   Though

bror i så fall knappast hör till de
brother   in   such   fall   hardly   hears   to   the
     (a case)   (belongs)

människor, som ge mig mitt levebröd. Vad som
people who give me my life's bread What which
(pay) (livelihood) (That)

är moraliskt rätt eller orätt kan ofta vara svårt
is morally right or wrong can often be heavy
(difficult)

nog att avgöra, tycker jag, olika människors
enough to determine think I various persons

uppfattning om de där sakerna variera ju så
perception about the there -the- things vary indeed so

högst betydligt, men den juridiska rätten kan
highest considerably but the juridical -the- right can
(most)

alltid fastslås."
always be established

"Prat", sade ingenjören. "Just den moraliska rätten
Talk said the engineer Just the moral -the- right

är det, som man minst behöver tveka om. Den
is that which one least needs to hesitate about The

juridiska kan däremot bli ganska kvistig att
juridical can on the contrary become totally thorny to

få   tag   i.   Det   sköter   advokaterna   om."
get   hold   in   That   take care   the lawyers   about
         (of)

Advokaten   ignorerade   hugget.
The lawyer   ignored   the cut

"Jag   erkänner   gärna",   fortsatte   han,   "att   det   ofta
I   admit   gladly   continued   he   that   it   often

nog   kan   vara   kvistigt   att   avgöra   vilken   av   två
enough   can   be   thorny   to   determine   which   of   two

parter,   som   har   juridiskt   rätt   eller   orätt,   men
parties   that   has   juridical   right   or   wrong   but

avgöra   det   kan   man   alltid   till   slut.   Har   du
determine   it   can   one   always   to   (the) end   Have   you

hört   talas   om   ett   enda   fall   då   en   domstol
heard   be talked   about   a   single   fall   then   a   judgment-chair
         (case)(where)   (court)

uppgivit   försöket   att   döma   i   ett   rättsfall?   Ånej,
in vain   attempted   to   judge   in   a   rights-fall   Oh no
                  (case of law)

utslag   blir   det   alltid."
(a) verdict   becomes   it   always
       (is)   (there)

Journalisten tände en ny cigarr.
The journalist   lit   a   new   cigar

"Det kan dock finnas fall, då det är omöjligt
It   can however be found cases then it   is impossible
(There)   (where)

att avgöra både vad som är moraliskt och
to determine both what which is morally and

juridiskt rätt."
juridically right

"Exempel!" sade advokaten.
Example   said   the lawyer

"Jag skall dra fram ett exempel ur min egen
I   shall draw forth an   example out (of) my own
              use

erfarenhet", sade journalisten och satte sig
experience   said the journalist and   sat himself

bekvämare till rätta i stolen. "En liten episod,
more comfortable to   right in the chair   A   little episode

som hände mig för många herrans år sedan
which happened me for many lord's years then
                         many years ago

ute   i   Amerika.
out   in   America

"Som   ni   vet   reste   jag   dit   över   som   nybliven
As   you   know   traveled   I   there   over   as   newly become
over there

student   för   att   se   litet   av   livet   och   tillfredsställa
student   for   to   see   (a) little   of   the life   and   to satisfy

min   äventyrslystnad.   Mina   föräldrar   voro   i   mycket
my   lust for adventure   My   parents   were   in   very

goda   omständigheter,   så   jag   var   försedd   med   en
good   circumstances   so   I   was   provided   with   a

rundligt   tilltagen   reskassa,   och   naturligtvis
roundly   generous   traveling budget   and   of course
(quite)

skulle   jag   långt   innan   den   var   slut   ha   en   bra
should   I   long   before   it   was   finished   have   a   good

plats,   det   hade   jag   klart   för   mig.   Tacka   för   det,
place   that   had   I   clear   for   myself   Thanks   for   that

att   en   ung,   frisk,   energisk   svensk   pojke   med   goda
that   a   young   healthy   energetic   Swedish   boy   with   good

53

skolkunskaper och ett friskt humör lätt skulle
schooling and a fine humor lightly should
(easily)

slå sig fram där ute.
strike himself forward there out
(help) out there

"Jag kom alltså till Chicago och började med att
I came also to Chicago and began with to

se mig om i staden litet. Den var så stor,
see myself around in the city (a) little That (one) was so big

och full av så mycket nytt och underbart, och om
and full of so much news and wondrous and if

min reskassa när den växlades i dollars inte
my traveling budget when it exchanged into dollars not

blev så många hundralappar bekymrade det mig
became so many bills of hundred worried it me

föga. Jag skulle snart skaffa mig en plats. Men
little I should soon fetch myself a place But
(job)

någon brådska med den saken var det ju
any hurry with that -the- thing was it indeed
(there)

inte,   utan   jag   levde   dagsländans   glada   liv,
not   on the contrary   I   lived   the mayfly's   happy   life

tills   jag   en   dag   helt   plötsligt   upptäckte   att   mina
until   I   one   day   very   suddenly   discovered   that   my

pengar   voro   på   upphällningen.
money   were   on   the upholding
               about to finish

"Nå det   fanns   gott   om   lediga   platser.   I
Now   it   was found   good   about   empty   places   In
      Now there were enough jobs to be found

varenda   tidning   stod   det   spaltvis   med
each   journal   stood   it   column-wise   with
                        (full)

annonser   om   dylika. Först   sedan   jag   svarat   på
advertisements   about   such   First   after   I   answered   on

en   hel   hop   av   dem   och   förslösat   mycken   tid   och
a   whole   heap   of   them   and   wasted   much   time   and

många   dollars   på   anmälningsavgifter   och   värdelösa
many   dollars   on   registration-fees   and   worthless

provkollektioner   fick   jag   klart   för   mig   att   de
sample collections   got   I   clear   for   myself   that   the
                  understood I

flesta voro humbug. Jag var allt bra grön.
most were nonsense I was all well green
very inexperienced

"Det är ju onödigt att i detalj relatera mina
It is indeed unnecessary to in detail relate my

öden under denna tid, det må vara nog sagt
-the- fate under that time that may be enough said

att en dag stod jag på gatan utan en cent på
that one day stood I on the street without a cent on
(in)

fickan. Att skriva hem efter hjälp förbjöd mig min
the pocket To write home after help forbid me my

stolthet, och ännu hade jag litet hopp kvar om
pride and again had I little hope left about

att det till slut skulle ljusna. Så småningom
that it to end should brighten So smallish-wise
everything should get better (bit by bit)

vandrade det ena plagget, den ena småsaken
wandered the one -the- garment the one -the- small thing

efter den andra till pantlånaren, och till slut stod
after the other to the pawnbroker and to end stood
at last

jag där utan att äga mera än de kläder jag
I there without to own more than the clothes I

gick och stod i.
went and stood in

"Då började svälten på allvar. Då och då
Then began the starvation on all-true Then and then
for real (Now)

kunde jag komma över en slant så att jag fick ett
could I come over a coin so that I got a

mål mat, men många dagar fick jag nöja mig
meal food but many days got I to please myself

med en kopp kaffe och en bit paj som
with a cup (of) coffee and a bit (of) pie as

dagsranson, och ofta fick jag ingen mat alls.
daily ration and often got I no food at all

"En dag just vid den tidpunkt då jag märkte,
One day precisely with that time point then I noticed

att mina kroppskrafter började ge vika, mötte
that my bodily strengths began to give yield met

jag på gatan en välklädd man, som efter en
I on the street a well dressed man who after a

forskande blick på mitt ansikte ställde sig i
searching look on my face set himself in

vägen för mig.
the road before me

"'Ni svälter!' sade han kort och rakt på sak, så
You are starving said he curtly and straight on thing so
bluntly

som det brukas i det landet.
as it is used to in that -the- land

"'Ja', erkände jag hoppfullt, i tanke att mannen
Yes admitted I hopeful in thought that the man

kanske skulle ge mig en dollar till ett par
maybe should give me a dollar for a few

ordentliga mål mat.
proper meals (of) food

"'Berätta edra närmare omständigheter, så får jag
Tell your closer circumstances so get I
(detailed)

se   om jag kan göra   något   för er!'
to see   if   I   can   do   something for   you

"Och jag berättade   utan   omsvep   både vem jag
And   I   told   without wraparound   both   who   I

var och hur jag kommit i   den situation som jag
was and how I   came   in   the   situation   that   I

var.
was (in)

"'Ni   är   alltså   av   en   hederlig   och   på   sin   ort
You   are   also   of   a   honest   and   on   its   place

aktad   familj?'
respected   family

"'Ja, det är jag.'
Yes   that am   I

"'Och själv är ni en hederlig karl?'
And   self   are you   an   honest   man

"'Ja.'
Yes

59

"'Har aldrig begått en ohederlig handling?'
Have never committed a dishonest deed

"'Aldrig', svarade jag litet harmset. Om jag
Never answered I (a) little (with) indignation If I

icke varit så utsvulten hade jag säkert inte tålt
not was so starved out had I surely not tolerated

det.
that

"'Gott', sade han och drog fram en sedelbunt
Good said he and pulled forth a bundle of bills

ur fickan. 'Här är hundra dollars, vill ni
out (of) the pocket Here are hundred dollars want you

förtjäna dem?'
to earn them

"Om jag ville! Hundra dollars! Min tanke
If I wanted Hundred dollars My thought(s)

svindlade inför en sådan summa. Det betydde
dizzied before a such sum That meant

ju   nytt liv, nytt hopp, en biljett hem om jag så
indeed new   life new   hope   a   ticket   home if   I   so

ville.
wanted

"'Vad skall jag göra för att få   dem?'
What   shall I   do   for to   get them

"Han tycktes betänka   sig   ett ögonblick.
He   seemed   to rethink himself one moment

"'Jag är   vad   man kallar en   excentrisk man',
I   am   what one calls   an   eccentric   man

fortsatte   han sedan. 'Och det roar   mig att
continued   he   then   And   it   pleases me   to

studera människorna. Nu   vill jag se   om hundra
study   the people   Now want I   see if hundred

dollars kan fresta en fattig svältande sate som   ni,
dollars can tempt   a   poor   starving   bum   like you

som hittills   varit hederlig, till att bryta med   sitt
who until now   was   honest   for   to   break with his

61

föregående liv. Ni får dessa hundra dollars om ni
before-going life You get these hundred dollars if you
(previous)

begår en ohederlig handling.'
commit a dishonest act

"'Vilken handling vill ni att jag skall göra?'
Which act want you that I shall do

frågade jag. Herrarna böra komma ihåg att
asked I The gentlemen needed to come in mind that
to remember

jag svalt; och jag tyckte det kunde vara skäl i
I starved and I thought it could be reason in

att höra vad som begärdes av mig. Uppfattningen
to hear what that was wanted of me The perception

om vad som är hederligt varierar ju.
of what which is dishonest varies indeed

"'Vilken handling som helst, bara den är
Which deed that (is) preferably just that (it) is
Any action at all

ohederlig.'
dishonest

"'Och när bli pengarna mina?'
And when become the monies mine
(the money)

"'Pengarna övergå i er ägo i samma
The money goes over in your ownership in (the) same
(is handed over)

ögonblick som ni begår handlingen i fråga.'
moment as you commit the act in question

"Jag funderade ett ögonblick. 'Så ryckte jag till
I wondered a moment So snatched I to

mig de hundra dollarna och sprang min väg'.
myself the hundred -the- dollars and ran my way
away

Kan du, herr jurist, avgöra om min handling
Can you mr lawyer determine whether my deed

var ohederlig eller ej."
was dishonest or not

Advokaten tvekade inte ett ögonblick.
The lawyer doubted not a moment

"Naturligtvis var den det", svarade han.
Of course was it that answered he

Journalisten smålog stilla.
The journalist   smiled   quiet

"Pengarna blevo alltså mina i samma ögonblick
The moneys became also   mine in (the) same moment
(The money)

som jag tog dem?"
as   I took them

"Ja visst!"
Yes sure

"Men då var det ju mina egna pengar, jag tog,
But then was it indeed my own money I took

och att ta sina egna pengar är ingen ohederlig
and to take ones own money is no dishonest

handling."
deed

"Hm!" sade advokaten. "Man får tänka sig, att
Hm said the lawyer One gets to think himself that

det i utförandet av handlingen fanns ett
it in the execution of the deed was found a

ohederligt moment innan pengarna övergingo i
dishonest moment while the moneys went over in
(the money)

din ägo."
your ownership

"Det får man inte tänka sig", svarade
That gets one not to think oneself answered

journalisten. "Ty överenskommelsen var, att
the journalist Since the agreement was that

pengarna skulle bliva mina 'i samma ögonblick'
the money should become mine in (the) same moment

som jag begick en ohederlig handling, inte i
as I committed a dishonest deed not in

ögonblicket efter, alltså inträdde min äganderätt
the moment after also set in my ownership

'samtidigt' med detta ohederliga moment, och de
at the same time with that dishonest moment and the

pengar jag tog voro alltså mina egna."
money I took were also my own

"Hm!" sade advokaten.
Hm   said   the lawyer

"Men", fortsatte journalisten. "Om penningarna voro
But   continued   the journalist   If   the cents   were
                                        (the money)

mina egna var handlingen icke ohederlig. Och då
my   own was the deed   not dishonest   And then
                                                   (when)

handlingen icke var ohederlig hade jag heller icke
the deed   not was dishonest had I   either not

uppfyllt   villkoret   för att få pengarna, och
fulfilled the condition -for- to get the money and

pengarna voro icke mina. Har jag rätt?"
the moneys were not mine Have I   right
(the money)   (Am)

"Hm", sade advokaten.
Hm   said   the lawyer

Journalisten skrattade kort.
The journalist   laughed   shortly

"Nå! Jag tog således pengar, som icke voro mina.
Now I   took such   money which not were mine

Detta var en ohederlig handling. Men då jag
That was a dishonest deed But then I
(when)

begick en ohederlig handling blevo pengarna
committed a dishonest deed became the money

mina; följer du med? Jag tog alltså mina egna
mine follow you along I took also my own

pengar, vilket icke är ohederligt, pengarna voro
money which not is dishonest the moneys were
(the money)

alltså icke mina; alltså var handlingen ohederlig,
also not mine also was the deed dishonest

alltså voro pengarna mina; alltså var handlingen
also were the moneys mine also was the deed
(the money)

hederlig, alltså voro pengarna icke mina; alltså var
dishonest also were the moneys not mine also was
(the money)

handlingen ohederlig, alltså --"
the deed dishonest also

"Stopp, stopp!" sade advokaten. "På det viset
Stop stop said the lawyer On that -the- manner

kan du hålla på hela natten."
can you hold on whole the night
(go) the whole night

"I evigheters evighet!" svarade journalisten. "Faktum
In eternity's eternity answered the journalist (The) Fact

är, som jag haft nöjet att bevisa, att om min
is as I had pleasure to prove that if my

handling var ohederlig så var den hederlig och
deed was dishonest so was it honest and

tvärtom. Kan du döma vad som i detta
the other way around Can you judge what which in that

fall är rätt och orätt?"
fall is right and wrong
(case)

"Hm!" sade advokaten. "Ett högst invecklat
Hm said the lawyer A highly complicated

rättsfall."
judicial case

"Herrarna kan tvista om den juridiska rätten,
The gentlemen can argue about the juridical -the- right

men   moralisk   rätt   att   behålla
but   morally   right   to   hold

kovan   hade   du   lika   förbaskat",
the amount   had   you   as   damned
(from Finnish kova raha; hard coin)

avgjorde   ingenjören.
determined   the engineer

DEN GYLLENE PLOMMONBLOMMAN

DEN GYLLENE PLOMMONBLOMMAN
The   Golden   Plum Flower

Skeppar Broman stod på Ida Mathildas däck och
Skipper Broman stood on Ida Mathilda's deck and

log som en sol. Omkring honom utbredde sig
smiled as a sun Around him widened itself

Nagasakis hamn med sitt myllrande vimmel av
Nagasaki's harbour with its teeming swarm of

fartyg i alla storlekar, från små korthuggna
vessels in all sizes from small short chopped

bogserare till Nippon Yusen Kaishas väldiga
tugboats to Nippon Yusen Kaishas huge

linjeångare. En yankeeliner, som varit inne för
line steamer A yankee liner which was inside for

inspektion, gled just ut.
inspection slid just out

Bromans lyckliga blåa blick följde oceanvinthunden,
Broman's happy blue look followed the ocean greyhound

som stack ut mot det solglittrande havet.
as stuck out towards the sun glistening -the- sea

"Mongolia of San Francisco" stod det i aktern, och
Mongolia of San Francisco stood it in the stern and
(read)

skepparn myste.
the skipper beamed

"Snart så är det jag, som reser över till Frisco på
Soon so is it I who travels over to Frisco on

en så'n där baddare", mumlade han belåtet för
one such a there whopper mumbled he pleased for

sig själv. "Det är annat, det, än att lusa
himself -self- That is (something) else that than to louse

sig fram med gamla Ida Mathilda... Jungman!
oneself forward with old Ida Mathilda Young man

Klar med giggen, jag skall ro över till
Done with the jig I shall row over to

bergensaren där borta."
the one from Bergen there over

Bergensaren var en norsk trampångare, svart
The one from Bergen was a Norwegian paddle steamer black

och smutsig som det kol den brukade föra, från
and dirty as the coal it used to carry from

toppen av de stubbade masterna ända ned till
the top of the cropped -the- masts -end- down to

vattenlinjen. Men kapten Pedersen, som mötte
the water line But captain Pedersen who met

skeppar Broman vid fallrepet, var en slående
skipper Broman at the fall rope was a striking

motsats till sitt fartyg. Han var nämligen klar att
opposite to his vessel He was namely ready to

gå upp till sin mäklare, och landgångsriggen var
go up to his broker and the mainland outfit was

splitt-språngande ny; köpt i Cardiff på
split-blasting new bought in Cardiff on
(totally)

sista resan.
last the trip
the last trip

"God aften, kapten Broman", sade norrmannen och
Good evening captain Broman said the norwegian and

räckte fram sin näve till hälsning.
extended forward his fist to greet

"Det var fanden vad de ser lykkelig ud. Har
That was -the- hell what you look happy -out- Has
this sentence is in Danish

det hänt Dem noget?"
it happened you something

Skeppar Broman log från öra till öra, och hans
Skipper Broman smiled from ear to ear and his

väldiga näve drabbade hans norska kollega i
great fist hit his norwegian colleague in

ryggen med ett slag, som skulle ha tagit
the back with a strike which should have taken

andedräkten från en mindre massiv man.
the breath   from   a   less   massive   man

"Joo, det kan kapten hoppa opp och kyssa sig
Well that can the captain jump on and kiss himself

på", sade han och halade upp en blå
on said he and fetched up a blue

telegramblankett ur fickan. "Här är nyheter så
telegram form out of the pocket Here is news so

det förslår! Jag har just fått kabel
that is enough I have just got (a) cable (telegram)

hemifrån att skutan är såld och skall överlämnas
from home that the hulk is sold and shall be handed over

till köpare här."
to the buyer here

"Är det något att vara så glad över?" frågade
Is that something to be so happy about asked

norrmannen, som vi hädanefter låta tala
the norwegian who we from here and after let speak

svenska.
Swedish

"Om det är", svarade Broman. "Jo, ge sig katten
If that is (so) answered Broman Yea give itself the cat
(Sure)

på det, kapten. Skutan är såld för tvåhundrafemti
on that captain The hulk is sold for two-hundred-fifteen

tusen och vi gav bara åtti för den gamla
thousand and we gave only eighty for the old

skorven när vi köpte henne ifrån Finland."
-the- scab when we bought her from Finland

"Hå, fanken!"
Ha the hell

"Jojomensan! Och jag äger fjärdedelen i den,
Yeah man And I own the fourth part in that

kapten. Vad tycks om det? Sätter in
captain What think (you) about that Set in

tjugutusen lock och får igen sextiotvå fem."
thirty thousand tops and get again sixtytwo five

75

Norrmannen lyfte på mössan och klådde sig
The norwegian lifted on the hat and scratched himself

betänksamt bakom örat.
thoughtful behind the ear

"Ja, det är kriget", sade han. "Allt tonnage har ju
Yes it is the war said he All tonnage has indeed

gått upp i orimliga priser, men så är frakterna
gone up in unreasonable prices but so are the freights

också orimliga. Hemma i Bergen är dom
also unreasonable Home in Bergen are they

miljonärer allihop så gott som. De är
millionaires alltogether so good as They are

skeppsredare där en och varann som kapten vet."
ships brokers there one and each as captain knows

Skeppar Broman brydde sig inte om att svara.
Skipper Broman cared himself not for to answer

Han hade för mycket annat att tänka på.
He had too much else to think on

"Nu, jädrans, kapten", svarade han. "Nu ska vi ta
Now darned captain answered he Now shall we take

och sätta sprätt på Nagasaki ett slag. I kväll är
and set fop on Nagasaki one strike In evening is
(some light) (time) Tonight

det jag som bjuder, och så mycket skall jag säga
it I who invites and so much shall I say
(pays the bill)

kapten, att det är inte lönt att han räknar
captain that it is not worthwhile that he counts

med att komma ombord i natt mer. Jag tar
with to come on board in (the) night (any)more I take
(on)

min styrman med, det gör väl inget? Det är en
my steering man along that does well nothing That is a
(first mate) that's ok right

hygglig pojk hemifrån Grebbestad och lite släkt
decent boy from home at Grebbestad and a bit related

till mig för resten. Vi tre ska visa dom små
to me for the rest We three shall show them small

japanskorna hur det går till när skandinaviska
Japanese how it goes -to- when Scandinavian

pojkar är ute på härjningståg."
boys are out on (a) rampage

Den trio, som något senare på kvällen hemsökte
The trio who a bit later on the evening visited

det ena efter det andra av Nagasakis europeiska
the one after the other of Nagasaki's European

hotell, var väl ägnad att tilldraga sig
hotels were well suited to draw themselves

uppmärksamhet även av annan anledning än ett
notice even from other cause than a

tämligen uppsluppet humör. Det var tre blonda
rather hilarious humor It was three blond

nordmannatyper, med ögon blå som det hav där
Norse types with eyes blue as it has there

de hörde hemma, och med axlar som kom de
they belonged home and with shoulders that come the
(made)

små atletbeundrande amerikanskorna att se
small sports enthousiastic Americans to see

sig om efter dem både en och två gånger.
themselves around after them both one and two times

Och ingen blickade förgäves, ty de tre unga
And no one looked in vain since the three young

männen voro alltid färdiga med ett småleende
-the- men were allways ready with a smile

eller en blinkning, när de märkte att ett vackert
or a wink when they noticed that a pretty

ögonpar riktades åt deras håll.
pair of eyes was aimed at their direction

Endast styrman Bryngelson var något
Only steering-man Bryngelson was somewhat
(first mate)

reserverad. Han var i sällskap med förmän och
reserved He was in company with foremen and
(of)

överordnade.
superiors

Men inte ens i Nagasaki äro de stora hotellen
But not even in Nagasaki are the big hotels

öppna natten igenom, och innan de tre
open the night through and while the three

sjömännen på allvar tyckte sig ha börjat
-the- sea-men on real thought themselves to have began
(for)

sjöslaget stodo de på gatan utan huld och
the sea-battle stood they on the street without grace and

skydd, medan deras senaste tillflyktsort obevekligt
cover while their last refuge relentlessly

stängde sina portar.
closed its doors

"Nu går vi och hälsar på japanskorna", sade kapten
Now go we and greet on the Japanese said captain

Pedersen. "När dom vita männen inte vill ta
Pedersen When them white -the- men not want to take

emot oss längre, så söker vi tröst hos de
-towards- us longer so search we consolation with the

japanske kvinnorna."
Japanese   women

"Visst   fanken", instämde   Broman.   "Om   vi   skulle
Sure   the hell   agreed   Broman   If   we   should
                                          (Maybe)

fara   till ett tehus och se på geishorna?"
journey to   a   teahouse and look at   the geisha's

"Är   du   galen?"   frågade   norrmannen.   "Dricka
Are   you   nuts   asked   the Norwegian   Drink

teblask,   är det vad du vill? Fast   geishorna
tea-dishwater is   that what you want Although   geisha's

är   ju   ...."
are indeed ...

Styrman Bryngelson hostade lätt.
First mate   Bryngelson   coughed   lightly
                                    (softly)

"Annars   skulle jag kunna   visa   vägen   till ett
Otherwise should   I   be able   to point the way   to   an

annat hus, där man slipper att dricka te", sade
other house there one escapes to   drink   tea said
              (where)

han.
he

"Vad får man där då?" frågade Broman.
What gets one there then   asked   Broman

"Man får något, som dom kallar för saké och
One gets something which they call -for- saké and

som smakar ungefär som brännvinet hemma.
which tastes approximately like -the- gin (at) home

Lika starkt är det åtminstone."
Just as strong is it   at least

"Det gillas", sade norrmannen. "Och geishor finns
That is liked said the Norwegian And geisha's are found
(is nice)

väl där?"
well there
(surely)

"Nog finns det jäntor, alltid", svarade
Enough are found -it- gals allways answered

Bryngelson. "Men om det är geishor vet jag inte.
Bryngelson But if that are geisha's know I not

Dom kallar dom visst yoshis."
They call them surely yoshi's

Kapten Broman gjorde plötsligt ett luftsprång,
Captain Broman did suddenly a air-jump
(jump in the air)

slog ihop klackar och händer och gav till ett
struck together the heels and hands and gave also a

tjut, så att den lille japanske poliskonstapeln, som
howl so that the little Japanese police constable who

stod ett stycke därifrån, vördnadsfullt bugade sig
stood a bit there from respectfully bowed himself

och beklagande slog ut med händerna, varmed
and regretful struck out with the hands where-with
(with which)

han antagligen ville antyda, att dylika tjut helst
he presumably wanted to suggest that such howls totally

icke borde förekomma.
not should happen

I nästa ögonblick bugade han sig en gång
In (the) next moment bowed he himself a time

till. För att ta upp en amerikansk silverdollar,
more For to take up an American silver dollar

som glimtade till i luften och slog ned framför
which shone -to- in the air and hit down in front of
(fell)

honom.
him

"Kör i vind", skrek kapten Broman. "Nu har vi
Drive in wind yelled captain Broman Now have we
Let's do it

druckit champanj och vin bland grevar och
drank champagne and wine together with counts and

baroner. Nu ska vi dricka brännvin ett slag. Sätt
barons Now shall we drink gin a strike Set
(time)

i gång, styrman."
in motion steering man
(first mate)

"Vi åker väl," sade Pedersen och vinkade på tre
We go well said Pedersen and waved at three
for sure)

rickshakulier, som alltsedan herrarna kommo ut
rickshaw-coolies who all after the gentlemen came out

från hotellet avvaktande dröjt i närheten. De
from the hotel waiting drew in the vicinity They

travade fram, sjömännen äntrade upp i kärrorna,
trotted forth the sea-men boarded up in the carts
(climbed)

utan att i någon mån utveckla den vighet,
without to in some manner develop the agility
(show)

som annars utmärker deras yrke, och så bar
which else characterizes their work and so carried
(normally)

det i väg.
it in (the) way
(on)

Bort från de moderna stadsdelarnas blandning av
Away from the modern -the- city parts mix of

occident och orient bar det i väg, in på
west and east carried it in (the) way in on

rent japanska smala gator. Outtröttligt travade de
purely Japanese small streets tirelessly trotted the

kraftiga löparna med sitt glidande, vargliknande
powerful runners with their gliding wolfish

lopp. Så körde de in genom en gatuport, svängde
run So ran they in through a street gate swang

ned i det som borde ha varit en rännsten, och
down in that which should have been a gutter and

stannade utanför ett hus, där en rad vaggande
stood out before a house there a row waddling
                                     (where)   (waving)

papperslyktor utefter taklisten lyste på en vägg,
paper-lights out after the roof ledge shone on a wall
            (from)

som i hela sin längd och tredjedelen av sin höjd
which in whole its length and the third part of its height

upptogs av träburar, vilkas spjälor lyste matt
was taken up of wooden cages which's splints shone dully
                                  (bars)

av förgyllning i det bleka skenet.
of gilding in the pale shine

"Här är det", sade styrmannen och hoppade ur
Here is it said the steer-man and jumped out
                  (the first mate)

rickshan. "Om dagarna sitter jäntorna i burarna."
the rickshaw In the days sit the gals in the cages

"Åh, i hälsingland heller!" sade skepparen.
Ah   in   hälsingland   either   said   the skipper

"Jo, jo, det är min själ sant", intygade norrmannen.
Yes yes that is   my   soul true   affirmed   the Norwegian
                             really

"Det är bruket här i landet. Kom så går vi in!"
That is the use here in the land Come so go we in

I dörren möttes de av en underdånigt leende fet
In the door were met they by a subservient smiling fat

japan,   som   under   de   mest   underbara
Japanese   who   under   the   most   wonderful

vördnadsbetygelser förde sina gäster in   i   ett
reverence bestowings lead   his   guests inside in   a

stort vackert rum, upplyst av ett   otal
large beautiful room illuminated by a   huge number of

brokiga   papperslanternor, som dinglade var en
multicolored   paper lanterns   which dangled where one

sådan möjligen kunde placeras. På väggarna lyste
such   possibly   could   place   On   the walls shone

brokiga kakemonos med fåglar, blommor,
multicolored Japanese paintings with birds flowers

samuraier och det heliga Fujima i skön
samurais and the holy Fujima in (a) beautiful

blandning, på golvet lågo mattor och kuddar
mix on the floor lay mats and cushions

strödda, för övrigt var rummet bart.
strewn for the rest was the room empty

"Fasen så enkel möblering", anmärkte Broman
The aspect so simple furnishing remarked Broman

med ett flin. "Inte så mycket som en stol att sitta
with a grin Not so much as a chair to sit

på."
on

Den fete japanen tecknade mot kuddarna och
The fat Japanese indicated towards the pillows and

inbjöd på dålig engelska de högtärade herrarna att
invited on poor English the esteemed gentlemen to
(in)

taga plats, och eftersom intet annat tycktes vara
take place and since nothing else seemed to be

att föredraga, uppfyllde de tre vikingarna välvilligt
to propose fulfilled the three vikings kindly

denna rimliga begäran.
that reasonable -the- desire

Genast trippade ett par snedögda skönheter in
Immediately pattered a few slit-eyed beauties in

med saké, risbrännvin, på lackerade brickor, andra
with sake ricewine on lacquered trays other

skönheter började knäppa på strängaspel och
beauties began twang on string instruments and

åter andra trådde dansen. Och det var icke
again others began the dance And that was not

barnkammardans.
(a) children-room-dance

Kapten Broman var förtjust.
Captain Broman was delighted

89

"Skål, styrman", skrek han. "Det här var inte dumt
Cheers steering-man yelled he That here was not dumb
        (first man)

påhittat. Tag emot här, jäntor!"
found on Take -towards- here lassies
(thought of)

Och hans tunga silverdollars slogo som ett
And his thick silver dollars struck like a

underbart slagregn mot golvets smala
wonderful strike-rain towards the floor's small

bambutiljor.
bamboo planks

Denna exponering av rikedom och en frisk vilja
That show of richness and a fresh desire

att skiljas från den tilltalade i högsta grad den
to separate from it talked to in highest degree the

fete japanen, och han närmade sig under
fat Japanese and he approached -himself- under

djupa bugningar.
deep bows

"Högtärade   herre!   Jag   skall   visa   er   det   bästa
Esteemed   Gentlemen   I   shall   show   you   the   best

mitt   usla   hus   har   att   bjuda.   Edra   högtärade   ögon
my   poor   house   has   to   offer   Your   esteemed   eyes

skola   vila   på   den   skönaste   bland   de   sköna,   på
should   rest   on   the   most beautiful   between   the   beautiful   on

Kinumé,   'Den   gyllene   plommonblomman'."
Kinume   The   yellow   -the- plum flower

Han   gav   ett   tecken.   Musiken   tystnade,   och   de   små
He   gave   a   sign   The music   silenced   and   the small

yoshis,   som   nyss   dansat,   drogo   sig   mot
yoshi's   who   just   danced   drew   themselves   towards

väggarna.   Ett   nytt   tecken,   en   dörr   drogs   åt   sidan,
the walls   A   new   sign   a   door   drew   to   the side

och   in   kom   Kinumé.
and   in   came   Kinume

Hon   gjorde   skäl   för   sitt   namn,   "Den   gyllene
She   did   for   her   name   The   golden

plommonblomman", ty hon var liten och lätt och
-the- plumflower   since she was small and light and

skir som ett av plommonträdets skära blom,
sheer like one of the plum tree's cut flowers
(transparent)

hennes förgyllda läppar logo, och som en
her gilded lips smiled and like a

fladdrande fjäril dansade hon in, hennes fötter
fluttering butterfly danced she in her feet

tycktes knappast röra golvet, hennes gula
seemed hardly to touch to floor her yellow

kimono, översållad med plommonblommor i
kimono | strewn with plum flowers in
(Japanese dress)

guld, böljade än vitt, än smekte den mjukt kring
gold billowed than white than stroked it soft around
    (then)   (then)

linjer, som kommo kapten Broman att känna en
lines which came captain Broman to feel a
    (made)

hissnande känsla i bröstet. Inte ens de fem
dizzying feeling in the breast Not once the five

skramlande sköldar av försilvrad plåt, som slängde
rattling shields of silver plated plates which dangled

omkring Kinumé, förmådde dölja det faktum att
around Kinume could hide the fact that

hon var Nagasakis skönaste yoshi.
she was Nagasaki's most beautiful yoshi

"Det är en jänta för mig, det!" skrek skeppar
That is a lass for me that yelled skipper

Broman. "Den skulle jag ha lust att ta med
Broman That (one) should I have fancy to take with

mig hem till Sverige."
me home to Sweden

Norrmannen skrattade.
The Norwegian laughed

"Köp henne!" sade han. "Dom här
Buy her said he Them here

pikerne är till salu har jag hört."
-the- girls are for sale have I heard
(from Norwegian pike, girl)

Broman var genast med på saken.
Broman was immediately along on the thing

"Hör hit", skrek han åt japanen. "Jag köper
Hear here yelled he at the Japanese (man) I buy

jäntan där. How much?"
the lass there How much

Med en flott gest drog han upp en packe
With a quick gesture pulled he up a bundle

engelska sedlar ur plånboken och kastade dem
(of) English bills out (of) the wallet and threw them

åt japanen.
at the Japanese (man)

"Räcker det där?"
Reaches that here

Styrman Bryngelson vaknade upp ur den halva
Steering man Bryngelson woke up out (of) the half
(First mate)

dvala allt dryckjomet försatt honom i.
trance all the drinking plunged him in

"Men   kapten",   protesterade   han.   "Det   är   ju
But   captain   protested   he   That   is   indeed

nära   tvåhundra   pund."
close to two hundred   pounds

"Håll   mun,   det   har   jag   råd   till",   skrek   Broman.
Hold   mouth   that   have   I   enough   for   yelled   Broman
     Shut up

Och   styrman   teg.
And   first man   was silent

Japanen,   i   hast   allvarlig,   tog   upp   sedlarna
The Japanese (man)   in   (a) hurry   real   took   up   the bills

och   räknade   dem.   Så   bugade   han   sig   djupt
and   counted   them   Then   bowed   he   himself   deep

och   stack   dem   i   barmen,   försvann   och   kom
and   stuck   them   in   the bosom   disappeared   and   came

tillbaka   om   en   stund   med   ett   långt   papper,
back   in   a   minute   with   a   long   paper

fullskrivet   av   japanska   bokstäver,   vilket   han
written full   of   Japanese   letters   which   he

lämnade　　skepparen.
handed over to　the skipper

"Den　gyllene　plommonblomman"　tillhörde　kapten
The　　yellow　　-the- plum flower　　belonged to　captain

John　Broman.
John　　Broman

Tidigt　nästa　morgon　fick　Ida　Mathildas　jungman
Early　　next　　morning　got　Ida　Mathilda's　young man

det　ovanliga　nöjet　att　ro　en　ung　japanska　i
the　unexpected　pleasure　to　row　a　young　Japanese　in
　　　　　　　　　　　　　　　　　　　　　　(to)

land.　Hon　var　klädd　i　gul　guldbroderad
land　　She　was　clothed　in　yellow　gold stitched

sidenkimono　med　skepparns　gamla　ulster　utanpå,
silk kimono　with　the skipper's　old　overcoat　on

och　hennes　läppar　buro　spår　av　förgyllning.
and　her　　lips　　bore　traces　of　gildedness

Men hon var glad som en lärka, ty i
But she was happy like a lark since in

ulsterfickan låg ett långt papper med japansk
the ulster pocket lay a long paper with Japanese

skrift; och när hon kom i land tog hon en
script and when she came in land took she a

ricksha och körde bort.
rickshaw and drove away

Fem timmar senare gick kapten Broman i land.
Five hours later got captain Broman in land

Han var i måndagshumör, huvudet värkte och han
He was in monday's mood the head ached and he
(bad mood)

hade redan på morgonkvisten
had already on the morning hours
(in)

lärt sin besättning gudsfruktan och rena seder.
learned his crew godliness and fine customs
scolded his crew

Särskilt hade styrman Bryngelsson kommit i
Especially had steering man Bryngelsson come in
(first mate)

åtnjutande av hans omvårdnad, ty han gjorde
enjoyment of his care since he made

styrmannen direkt ansvarig för att han, Broman,
the first mate directly answerable for that he Broman

kvällen förut burit sig åt som en idiot och
the evening before carried himself at like an idiot and
(behaved)

kastat bort nära tre tusen kronor.
threw away almost three thousand (Swedish) crowns

Men när han steg i land blev han föremål för
But when he stepped in land became his subject for

en mindre vanlig vördnadsbetygelse, ty en liten
a less usual reverence bestowing since a small

japan lade sig på magen för honom på
Japanese laid himself on the stomach before him on

den smutsiga kajen och slog pannan tre
the dirty -the- dock and hit the forehead three

gånger i stenläggningen.
times in the stone layings
          (the pavement)

"Oh, you honorable captain", sade japanen.
Oh you honorable captain said the Japanese

"Vad är det om?" fräste Broman.
What is this for snarled Broman

"O, högtärade kapten", sade japanen, "jag är Motu,
Oh esteemed captain said the Japanese I am Motu

som älskar Kinumé, och du, högtärade kapten, har
who loves Kinume and you esteemed captain have

köpt henne från Yoshivara och givit henne
bought her from Yoshivara and given her

friheten. Vid körsbärsblommornas fest fira vi
freedom With the cherry blossoms feast celebrate we

bröllop. O, högtärade kapten, jag är din tjänare
(the) wedding Oh esteemed captain I am your servant

för en tid av sju existenser."
for a time of seven existences

"Dra åt helsicke!" sade kapten Broman.
Draw for hell said captain Broman

TUSEN TJOG ÄGG

TUSEN TJOG ÄGG
Thousand Score Eggs

Det är onödigt att i detalj relatera de orsaker,
It is unnecessary to in detail relate the causes
(explain)

som kommo Bill och mig att plötsligt lämna
which came Bill and me to suddenly leave

Minneapolis. Det må vara tillräckligt att nämna, att
Minneapolis It may be enough to name that
(tell)

vi startat ett tidningsföretag, vars mål var den
we started a newspaper company whose goal was the

svensk-amerikanska ungdomens andliga höjande,
Swedish-American -the- youth's spiritual lifting

och vår ekonomiska stödjepelare i detta lovvärda
and our economic support pillar in that laudable

företag var en skomakare, ägare av fem tusen
enterprise was a shoemaker owner of five thousand

dollars.
dollars

Efter tre månaders verksamhet, under vilken den
After three months operation under which the

svensk-amerikanska ungdomen icke märkbart
Swedish-American -the- youth not noticeably

höjts, återstod av vårt kapital endast skomakaren,
was lifted remained of our capital only the shoe maker

och dagen innan nästa tryckeriräkning skulle
and the day before (the) next printer bill should

betalas kommo Bill och jag överens om, att ett
be paid came Bill and I (in) agreement for that a

luftombyte skulle vara välgörande för oss.
air-change should be well doing for us
(change of air) (good)

Nästa förmiddags sol såg oss stiga av tåget i
(The) Next before-midday sun saw us rise off the train in
(morning) (get)

Bismarck, Nord Dakotas huvudstad, och efter att
Bismarck North Dakota's head-city and after to
(capital)

ha tvättat oss i stationens toalettrum och fått
have washed us in the station's bathroom and got

ett par biffstekar inombords, kände vi oss färdiga
a few beefsteaks inside felt we us ready

att ta ett tag med livet.
to take a pull with the life

Varför vi utvalt just Bismarck till
Wherefore we chose precisely Bismarck to
(Why) (as)

verksamhetsfält minns jag inte, kanske var det
field of work remember I not maybe was it

endast därför att biljettpengarna räckte dit, och
only therefore that the ticket moneys reached there and

dessutom gav oss tre dollars tillsammans att
apart from that gave us three dollars together to

leva av tills vi lyckats göra någon affär,
live from until we succeeded to make some business

vilket vi ansågo vara minimum men dock
which we looked upon to be (the) minimum but however
   (felt)

tillräckligt.
enough

"Well", sade jag när frukosten var undanstökad.
Well said I when the breakfast was away stoked
      (out of the way)

"Vad ska vi nu hitta på, Bill? Har du något
What shall we now strike on Bill Have you any

förslag?"
proposition

"Inte precis", svarade Bill lugnt och självsäkert.
Not exactly answered Bill calm and self assured

"Men jag kommer nog snart med ett, skulle jag
But I come still soon with one shall I

förmoda. Min hjärna brukar alltid kläcka det rätta
suspect My brain uses always to hatch the right

förslaget i det rätta ögonblicket."
-the- proposal in the right moment

Jag opponerade mig inte. Det var Bill, som
I opposed me not It was Bill who

föreslagit att vi skulle lämna Minneapolis, och jag
propesed that we should leave Mineapolis and I

måste erkänna att det förslaget var klokt.
must admit that that proposal was smart

"Kom", fortsatte Bill, "nu går vi ut och tittar på
Come continued Bill now go we out and look at

sta'n. Den ser så festlig och flaggprydd ut, att
the city It looks so festive and flag decorated -out- that
(staden)

något måste vara i görningen."
something must be in the making

Det var det också, ty just den veckan
That was it also since precisely that -the- week

avhölls "North Dacota State Fair", Nord Dakotas
was held (the) North Dakota State Fair North Dakota's

Statsutställning, en större marknad som årligen
State Fair a large market which yearly

förekommer **i** **de** **flesta** **av** **unionens** **stater,** **och**
happened · in · the · most · of · the Union's · states · and

vid **vilken** **statens** **produkter** **utställas,** **samt**
with · which · the state's · products · are displayed · together with

en **massa** **cirkusar,** **karuseller** **och** **andra**
a · mass · circus acts · carousels · and · other
(bunch of)

marknadsnöjen **locka** **de** **många** **tusen**
market's amusements · lure · the · many · thousands

lantbor, **som** **strömma** **till** **staden** **under**
country people · that · flow · to · the city · during

utställningsveckan. **Och** **stadsborna** **med** **för** **resten.**
the fair's week · And · the city folk · along · for · the rest

"Vid **marknaden** **måste** **det** **finnas** **något** **jobb** **för**
At · the market · must · -it- · be found · some · job · for

oss", **sade** **Bill.** **"Där** **finner** **vi** **alldeles** **säkert** **någon**
us · said · Bill · There · find · we · entirely · sure · someone

som **har** **användning** **för** **ett** **par** **starka,** **friska**
who · has · use · for · a · few · strong · fresh

karlar med gott sätt, fördelaktigt utseende och
men with good manners advantageous appearance and

motvilja mot kroppsarbete. Vi promenerar dit, så
aversion against body work We stroll there so
(physical labor)

får vi samtidigt se sta'n!"
get we at the same time see the city
(staden)

"Du har rätt!" sade jag. "Vid marknaden finns alltid
You have right said I At the market is find allways
(are)

något att göra. I värsta fall kan jag förevisa
something to do In (the) worst fall can I exhibit
(case)

dig som dvärg."
you as dwarf

"Dvärg!" sade Bill förtrytsamt. "Sex fot och två
Dwarf said Bill resentfully Six foot and two

tum."
thumbs
(inch)

"Ja visst! Världens största dvärg naturligtvis. Det
Yes sure The world's biggest dwarf of course That

blir en utmärkt attraktion! Skaffa bara ett tält
becomes a excellent attraction Fetch just a tent

så--."
so

"Håll muggan!" sade Bill. "Det där är dumheter,
Hold the mug said Bill That there are nonsense

men något slags göra får vi säkert. Marsch
but some strike to make get we surely March

framåt!"
forward

Sakta vandrade vi genom gatorna i solskenet
Slowly walked we through the streets in the sunshine

mot den utkant där utställningen var uppställd.
towards the outskirts there the fair was set up
(where)

Strömmen av festklädda människor och
The flow of festively dressed people and

flaggprydda vagnar gled förbi. Hela sta'n var
flag decorated wagons drifted past Whole the city was
(staden)

på benen.
on   the leg
afoot

Plötsligt stannade Bill och vädrade i luften.
Suddenly   stood   Bill and   sniffed in the air

"Jag känner en doft", sade han.
 I   smell   a   smell said   he

"Ja", svarade jag, som kände doften utan att
Yes   answered I   who smelled the smell without to

vädra. "Det är vätesvavla.   Jag känner igen den
sniff   That is hydrogen-suphur I   know again it
                                          recognize

från nattluften i kasern,   när jag var beväring."
from the night air in the barracks when I was conscript

"Du har det", sade Bill. "Och eftersom det står
You have it   said Bill And   since   it stands
                                              (says)

'eggs wholesale' på skylten över det där planket,
eggs wholesale on the sign on that there -the- fence

så är det tydligt att grossören i ägg fått ett
so is it clear   that the wholesaler in eggs gets a

parti förstört av den sköna värmen."
load destroyed of the beautiful -the- heat

"Förmodligen", svarade jag. "Come along!"
Probably answered I come along

"Nej, vänta ett ögonblick", sade Bill. "Dessa ruttna
No wait a moment said Bill These rotten

ägg är säkert till salu billigt--"
eggs are surely for sale cheap

"Å, håll--"
Aw hold

"Tyst! Stör mig inte! Jag har en idé! Vänta! Jo
Silence Disrupt me not I have an idea Wait Yes

visst! Jag har det, jag har det, unge man! Vår
sure I have it I have it young man Our

förmögenhet är gjord!"
fortune is made

Och utan ett ord vidare rusade han in genom
And without a word more rushed he in through

ägghandlarens port, och jag följde naturligtvis
the egg dealer's door and I followed of course

efter.
behind

Innanför porten stodo tio lådor och en mycket
Inside before the door stood ten boxes and a much

bekymrad man. Det var lådorna som luktade.
distressed man It was the boxes that smelled

"Jädrans värme", sade Bill innerligt. Bill var en stor
Devil's heat said Bill heartfelt Bill was a big

psykolog.
psychologist

"Ja, fy fanken", instämde karlen med en värme,
Yes ugh the hell agreed the man with a heat

som inte stod klimatets efter. "Här står jag nu
which not stood the climate's behind Here stand I now
which was not less than the weather

med tio lådor ägg, tjugu tusen ägg, gossar,
with ten boxes (of) eggs twenty thousand eggs boys

platt fördärvade så de stinker."
flat perished so they stink

"Det är för galet", sade Bill. "Ni måste ha bort
That is too crazy said Bill You must have away

dem genast. Lukten känns ute på gatan, och
them at once The smell is smelled out on the street and

det missrekommenderar er affär."
it does not recommend your business

"Tag en cigarr", sade karlen. "Ni har fullkomligt
Take a cigar said the man You have totally
(are)

rätt, gossar, men hur skall jag bli av med dem.
right boys but how shall I become rid with them
(of)

Inget folk i dag, alla är på utställningen, och om
No people in day all are on the fair and if
today

jag hade något folk, så ville de inte dra i väg
I had any people so will they not pull in road

med ett så stinkande lass nu när det är så gott
with a so smelly load now when it is so good

som   helgdag.   Jag   ville   ge   tio   dollars   för   att
as   weekend   I   want   to give   ten   dollars   for   to

bli   av   med   eländet."
become   rid   with   the misery

"Hit   med   långschalen",   sade   Bill,   "och   låt   oss   låna
Here   with   the long plaid   said   Bill   and   let   us   borrow

er   handkärra,   så   skall   min   kamrat   och   jag   köra
your   hand cart   so   shall   my   pal   and   I   ride

bort   äggen   för   er.   Dels   är   vi   främlingar   i   sta'n,
away   the eggs   for   you   Part   are   we   strangers   in   the city

så   oss   gör   det   ingenting   och   dels   vill   vi   gärna
so   us   does   it   nothing   and   part   want   we   gladly

hjälpa   er."
help   you

"Tag   en   cigarr   till",   sade   karlen,   och   tio   minuter
Take   a   cigar   to   said   the man   and   ten   minutes
(more)

senare   knogade   Bill   och   jag   ut   genom
later   plodded   Bill   and   I   out   through

ägghandlarens port med tio doftande lådor på en
the egg dealer's door with ten smelly boxes on a

kärra och tio härliga dollars omsorgsfullt
cart and ten lovely dollars carefully

nedstoppade i Bills högra byxficka.
stuffed down in Bills right pants pocket

"Du är ett snille, Bill", sade jag utanför. "Den här
You are a genius Bill said I outside That here

saken gick storartat. Nu gäller det bara att bli
business went magnificent Now counts it only to become

av med eländet. Ska vi ställa kärran och kila,
off with the misery Shall we set the cart and scurry
                                                  (get out)

eller ska vi välta ut dem på gatan?"
or shall we spill out them on the street

"Äggen!" svarade Bill. "Gosse, gosse, du blir
The eggs answered Bill Boy boy you become

aldrig miljonär! Det, som du nu bevittnat är
never millionaire That which you now witnessed is

endast förspelet, pass på, nu går strax
only the foreplay pass on / watch out now goes immediately

ridån upp för det stora dramat. Hugg i!"
the curtain up for the big drama Grab in

Jag högg i, kärran rullade framåt, och jag gjorde
I cut in / pushed along the cart rolled forth and I made

den observationen, att en hel del gott folk vände
the observation that a whole part good folk turned

sig för att titta på den, fastän den närmade
themselves for to look at them even if it approached

sig dem bakifrån. Doften måtte ha varit rätt
itself them from behind The smell must have been right

stark. Men så var det också många ägg.
strong But so was it also many eggs

"Vart menar du att vi ska hän med den här
Where mean you that we shall towards with this here

ådekolongen?" frågade jag Bill.
eau de cologne asked I Bill

"Till utställningen", svarade han endast.
To the fair answered he only

"Och sen?"
And then

"Vänta, så får du se!"
Wait so get you to see

Jag kände hans envishet och svaghet för
I felt his stubbornness and weakness for

dramatiska effekter och teg därför, tills vi
dramatic effects and kept silent therefore until we

stodo mitt i positivlåten utanför
stood middle in the barrel organ sound before

festplatsen, som lyste riktigt lockande med sina
the festivity place which shone truly enticing with its

flaggor och vimplar och vita tält.
flags and pennants and white tents

Då stannade Bill.
Then stood Bill
(stopped)

"Se där", sade han, "där är just den plats, som vi
See there said he there is just the place which we

behöver." Och han pekade på en obebyggd tomt
need And he pointed at an undeveloped plot

med en lergrav i mitten och ett plank på
with a clay dugout in the middle and a fence on

andra sidan. "Stå här och vakta kärran, så skall
other the side Stand here and guard the cart so shall
the other side

jag ordna det hela."
I order the whole

Efter en kvart eller tjugu minuter kom
After a quarter (of an hour) or 20 minutes came

Bill tillbaka bärande ett rep och ett par stolpar
Bill back carrying a rope and a few poles

samt hammare och spik.
together with (a) hammer and nails

"Saken är klar", sade han. "Jag har hyrt tomten
The case is clear said he I have hired the plot

och planket där borta för i dag, och nu har vi
and the fence there out for in day and now have we
today

bara att sätta upp affären. Ser du, yngling, vi ska
only to set up the affair See you young man we shall
(the thing)

slå lös en bräda i planket där, såga bort en bit
hit loose a board in the fence there saw away a bit

på mitten och spika det dit igen på sådant sätt
on the middle and nail that there again on such way

att det blir ett hål i planket, stort nog för
that it remains a hole in the fence big enough for

en karl att sticka ut huvudet genom."
a man to stick out the head through

"Och sedan--"
And then

"Sedan sätter vi naturligtvis rep runt tomten
Then put we of course ropes around the plot

här, ställer ägglådorna innanför och så börjar
here set the egg boxes in front and so begins

affären. Ser du tältet där inne på
the affair / See / you / the tent / there / inside / on

utställningsplatsen: 'Slå jätten i skallen så får ni
the fair place / Hit / the giant / in / the skull / so / get / you

en fin cigarr', står det med stora bokstäver över
a / fine / cigar / stands / it / with / large / letters / over

ingången. Du vet hur det går till: en karl sticker
the entrance / You / know / how / thet / goes / to / a / man / sticks

ut huvudet genom ett hål i en vägg, och man
out / the head / through / a / hole / in / a / wall / and / one (people)

försöker träffa honom med en boll. Jag ämnar
try / to hit / him / with / a / ball / I / intend

arrangera något liknande här, fast med ruttna
to arrange / something / similar / here / though / with / rotten

ägg i stället för bollar. Säg uppriktigt om du
eggs / in / stead / for / balls / Say / honestly / if / you

tror, att det finns en enda man här i dag, som
believe / that / it / is found / a / single / man / here / in / day today / who

inte med förtjusning kommer att ta emot detta
not with delight comes to take towards that

tillfälle att slå en annan i skallen med ett
opportunity to hit an other in the skull with a

ruttet ägg. Här behövs inga cigarrer till lockbete.
rotten egg Here need no cigars to bait

Fem cent stycket, sex för en kvartsdollar.
Five cent the piece six for a quarter dollar

Nettoförtjänst över åtta hundra dollars."
Net earnings over eight hundred dollars

Så stod idéen klar för mig i all sin enkla
So stood the idea clear for me in all its simple

storslagenhet. Vår karl i hålet skulle
grandeur Our guy in the hole should

ta loven av varenda annan liknande inrättning
take the leave of each other similar institution
be more popular than (set up)

på utställningen. Här skulle vi stå utanför
on the fair Here should we stand outside

området **och** **bokstavligen** **konkurrera** **ihjäl** **de**
the area | and | litterally | compete | to death | the

legitima **företagen.** **Men** **det** **fanns** **en**
legit | -the- enterprise | But | it | was found | one

svårighet **och** **jag** **påpekade** **den:**
problem | and | I | pointed out | it

"Bill", **sade** **jag.** **"Idéen** **är** **lysande,** **briljant,** **underbar,**
Bill | said | I | The idea | is | shining | brilliant | wonderful

men **hur** **tänker** **du** **få** **tag** **i** **en** **man,** **som** **står**
but | how | think | you | get | hold | in (on) | a | man | who | stands

för **det** **bombardemanget."**
for | that | bombardment

"Oroa **dig** **inte** **för** **den** **saken",** **svarade** **Bill.**
Worry | yourself | not | for | that | -the- thing | answered | Bill

"Var **dag** **har** **sin** **egen** **plåga;** **allting** **ordnar** **sig."**
Each | day | has | its | own | plague | everything | orders | itself

Det **tog** **oss** **inte** **lång** **tid** **att** **få** **allt** **i**
It | took | us | not | long | time | to | get | everything | in

ordning: hålet upptaget, tomten inhägnad med
order   the hole   taken up   the plot   fenced in   with
(created)

repet; och ägglådorna placerade innanför.
the rope   and   the egg boxes   placed   before

"All right", sade jag när allt var klart, "var
All   right   said   I   when   everything   was   ready   where

ha vi nu karlen?"
have   we   now   the man

"Tja", sade Bill, "det gäller flera hundra dollars
Tja   said   Bill   that   goes for   multiple   hundred   dollars

per man, men mycket mindre när vi inkludera en
per   man   but   much   less   when   we   include   an

extra person.
extra   person

En hemsk misstanke vaknade i min själ.
One   horrible   misgiving   awoke   in   my   soul

"Vad har du tänkt dig?"
What   have   you   thought   yourself

"Joo,   skulle inte du--"
Wellllll should   not   you

"Eller du", sade jag, högst indignerad.
Or   you   said   I   highly   indignant

"Jag   bidrar   med idén, vilket är det värdefullaste.
I   contribute with the idea which is the   most valuable

 Den,   som är trög i hjärnan   böte   med
The one who   is   slow in the brain takes penance with

kroppen. Det gäller pengar, yngling, och--"
the body That goes for   money   youth   and

"Spara   munlädret   du", sade jag. "Jag gör det
Save   the mouth leather you   said   I   I   do   that
            (the tongue)

aldrig."
never

Men i detsamma satt Bills näve som ett skruvstäd
But   in   that same   set   Bill's   fist   like   a   vice

i min nacke.
in my   neck

"Tänk efter, unge man, du gör det nog till slut."
Think after young man you do that yet to end
(about it) (in the)

Jag tänkte efter allt under det jag gjorde mitt
I thought after all under that I did my
(about it) (during)

bästa för att sparka benen av min käre kamrat,
best for to kick the legs off my dear mate

och först sedan jag stiftat intim bekantskap
and first after I established intimate familiarity

med jordskorpan och tagit ett par munnar fulla av
with the earth crust and took a few mouths full of

den tomt där det följande dramat skulle utspelas,
the plot there the following drama should play out
(where)

ändrade jag mening och gick in på saken.
changed I (my) opinion and went in on the thing
agreed with

Snart stod jag alltså, med en säcktrasa om
Soon stood I so with a baggy cloth around

halsen på andra sidan planket med huvudet ut
the neck on other the side (of) the fence with the head out
the other

genom hålet. Och för att omintetgöra alla försök
through the hole And for that for-not-do (thwart) all attempts

till flykt surrade Bill fast mig sedan jag kört
to flight wound Bill fast me after I drove (put)

igenom huvudet och alltså var hjälplös.
through the head and so was (I) helpless

Mina känslor tvinga mig att endast i största
My feelings force me to only in (the) greatest

korthet skildra det som nu följde. Bill ställde
brevity paint that which now followed Bill set

sig vid ägglådorna, upphov sin röst och vrålade:
himself with the egg boxes raised his voice and yelled

"Kom hit alla friska pojkar! Slå karlen i skallen
Come here all fresh (healthy) boys Hit the man in (on) the skull (the head)

med ett ruttet ägg. Fem cent stycket, sex för en
with a rotten egg Five cents apiece six for a

kvartsdollar. Hör hit alle man!"
quarter dollar Hear here all men

Det dröjde knappt en minut förrän ett par karlar
It took hardly a minute before a few men

stannade. De tittade på mig och en av dem
stood They looked at me and one of them
(stopped)

slängde med en vårdslös gest åt Bill ett mynt,
threw with a careless gesture at Bill a coin

samt fick i utbyte två ägg. Jag
and with that got in exchange two eggs I

stod i spänning.
stood in tension
tensed

Så kom det första ägget farande. Det var
So came the first -the- egg travelling It was

visserligen en bom, men träffade naturligtvis
surely a boom but hit of course

planket, och äggets vidriga innehåll gav mig en
the fence and the egg's repulsive contents gave me a

dusch från vänstra sidan. Brrr!
shower from left the side Brrr
the left side

Mitt ansikte måste ha visat vad jag kände, ty
My face must have shown what I felt since

karlen, som från början varit rätt loj,
the man who from the beginning was right indolent (lazy)

fattade ett livligare intresse för min person, och
got a more lively interest for my person and

skickade av ägget nummer två med fruktansvärd
sent off -the- egg number two with terrible

kraft. Bom igen, men en ny doftande dusch.
strength Boom again but a new smelling shower

Några förbigående hade stannat för att titta,
Some passer-by's had stood for to look

egendomligt nog tyckte de visst att det såg
strangely enough thought they surely that it looked

roligt ut, för de skrattade och ett par av dem
funny -out- for they laughed and a few of them

kastade slantar till Bill. Nu började äggen vina på
threw pennies to Bill Now began the eggs whiz on (for)

allvar.
real

Plask, pladaplask, plask-plask slogo de mot
Splash spladaplash splash-splash struck they against

planket, den gula smörjan stod som en sky
the fence the yellow filth stood like a cloud

omkring mig, och folkhopen borta hos Bill
around me and the people mass away with Bill

började bli livlig. Allt flera människor
began to become lively All more people
(enthousiastic)

samlades där borta, skrattsalvorna dånade och den
gathered there out bursts of laughter boomed and the
out there

första fullträffen hälsades med hurrarop, som
first direct hit was greeted with hurray calls which
(cheering)

kallade dit folk från alla håll.
called there people from all directions

Sedan vet jag inte mera vad som hände där
After know I not (any)more what that happened there

borta vid repet, men äggsmattret mot planket
out at the rope but the egg rattle against the fence

steg från ett brus till ett dån och från ett dån
rose from a noise to a rumble and from a rumble

till en rytande orkan. Hur Bill hann langa ut så
to a roaring hurricane How Bill could hand out so

många ägg förstår jag inte, men han påstod själv,
many eggs understand I not but he claimed self

att han fick en viss vana att gripa sex ägg i
that he got a certain habit to grab six eggs in

taget och slunga dem till kunden med ena
the grasp and fling them to the customer with one

handen medan han inkasserade med den andra.
-the- hand while he cashed in with the other

Själv var jag borta från världen. Jag stod i ett
Self was I away from the world I stood in a

moln av rutten äggula, den stänkte på mig från
cloud of rotten egg yolk that stank on me from

alla håll, fyllde ögon, näsa och mun, rann runt
all sides filled eyes nose and mouth ran around

mitt huvud och nedför planket omkring och
my head and down the fence around and

bildade en sjö nedanför mig.
formed a lake down in front of me

Och alltjämt smattrade ägg runt planket i
And still splattered eggs around the fence in

alltmera tätnande salvor, och om jag ibland var
all more tightening bursts and if I sometimes was
(more more)

nära att lämna detta jordiska piggade en ny
near to leave the earthly brightened a new

fullträff upp mig till fortsatt existens. Tid och
full hit up my to continue (my) existence Time and

rum plånades så småningom ut för mig, och den
space were blotted so bit by bit out for me and the

enda skymt av medvetande som fanns kvar i
single shadow of conscience which was found left in

min hjärna var begreppet ruttna ägg. Hela min
my brain was the concept (of) rotten eggs Whole my

omgivning, atmosfären som jag inandades, jag
surroundings the atmosphere that I breathed in I

själv, hela världen var ruttna ägg. Och svagt
self whole the world was rotten egg And weak

trängde till mina igenmurade öron ljudet av
forced to my walled in -the- ears the sound of

hundrastämmiga jubelrop några meter borta.
hundred voiced cheers some meters away

Hur länge det dröjde innan jag märkte att
How long it took before I noticed that

äggorkanen tunnade av och slutligen upphörde
the egg hurricane thinned off and finally stopped

vet jag inte. Bill påstod att det endast var tre
know I not Bill insisted that it only was three

timmar; för mig verkade det tre veckor.
hours for me seemed it three weeks

Men innan min hjärna fullkomligt fått klart för sig
But while my brain totally got clear for itself

att bombardemanget var slut, drog någon mig
that the bombardment was finished pulled someone me

bakifrån ut ur hålet och när jag utmattad sjönk
from behind out of the hole and when I exhausted sank

ihop på marken, sköljde en ström av kallt vatten
together on the ground rinsed a flow of cold water

över mitt huvud.
over my head

Jag slog upp ögonen. Bill stod bredvid mig med
I struck up the eyes Bill stood next to me with

en pyts i handen.
a bucket in the hand

"Du skötte dig fint, gosse", sade han, och sken
You handled yourself fine boy said he and shone

som en sol. "Du var präktig, helt enkelt. Ska du
like a sun You were wonderful very simple Shall you

ha   dig   en   pyts   till,   så   blir   du   kry."
have   yourself   a   bucket   to   so   become   you   hearty
(more)   (well)

När   livet   återvänt   i   mig   gingo   vi   till   ett   ställe,
When   the life   came back   in   my   went   we   to   a   place

där   vi   trots   förbudet   kunde   få   en   verkligt
there   we   in spite of   the prohibition   could   get   a   truly
(where)

rafflande   råwhisky,   och   jag   förmodar   att   jag   den
thrilling   crude whisky   and   I   suspect   that   I   that

kvällen   skaffade   mig   ett   rykte   som   stor
-the- evening   got   me   a   reputation   as   great

älskare   av   varan.
lover   of   the goods
(that whisky)

Men   äta   kunde   jag   inte,   och   när   uppassaren
But   eat   could   I   not   and   when   the waiter

föreslog   ägg   såsom   varande   lättätet,   var   han
proposed   eggs   as   present   light food   was   he

närmare   döden   än   han   anade.
closer to   -the- death   than   he   could know

Och litet bakom var jag hela tiden tills vi
And (a) little behind was I whole the time until we
(bad)

delade upp kassan och jag fann att min del var
divided up the cash and I found that my part was

fyrahundratrettioen dollars och sextiofem cents.
four-hundred -thirty-one dollars and sixtyfive cents

Då blev jag mig själv igen, och Bill, som
Then became I my self again and Bill who

förefallit litet bekymrad, lyste upp.
seemed (a) little concerned brightened up

"Du gosse!" sade han. "Jag har en god idé till, en
You boy said he I have a good idea to an

idé som kan skaffa oss lika mycket kosing till."
idea which can get us same much dough more

"Nå, vad är det?" frågade jag med endast lindrigt
Now what is it asked I with only mild

intresse. Jag hade ju pengar.
interest I had of course money

"Jo,   i   morgon   går   vi   omkring   till   alla   stans
Well   in   morning   go   we   around   to   all   the city's

ägghandlare och köper opp ruttna ägg och--"
egg dealers   and   buy   up   rotten   eggs   and

Jag   slog   inte   ihjäl   Bill;   nej,   det   gjorde   jag
I   hit   not   to death   Bill   no   that   did   I

verkligen   inte, men jag reste mig   utan   ett   ord
really   not   but   I   rose   myself   without   a   word

och gick ensam ut i natten.
and   went   alone   out   in   the night

BARON OLSON

BARON OLSON
Baron   Olson

Direktör Askengrens 75:a "Zuleika" hade nyss kastat
Director   Askengren's 75:a Zuleika   hade just thrown

ankar i Lyngsö båthamn, jollen hade gjort ett
anchor in Lyngsö boat harbour the dinghy had made a

par turer mellan kuttern och kajen, och
few trips between the sailboat and the dock and

direktören och hans sällskap, inalles fyra solbrända
the director and his company (all) in all four sun burned

seglare voro på väg till restaurangen för att
yachtsmen were on (the) way to the restaurant for to

undersöka möjligheterna där. Visserligen fanns
research the possibilities there Surely were found

det möjligheter ombord, stora möjligheter, men en
-it- possibilities on board great possibilities but a

seglare vill ju alltid gärna göra små
yachtsman wants well always gladly do small

strandhugg, även om han är aldrig så
beach cuts even if he is ever so
(visits on the mainland)

välförsedd ombord, och det var därför med
well stocked on board and it was therefore with

spänstiga steg och hoppfulla ansikten som direktör
vigorous steps and hopeful faces as director

Askengrens sällskap nalkades restaurantens
Askengren's company approached the restaurant's

hägrande centiliter.
looming centiliters
(amounts of booze)

Kanske var det därför som direktören råkade
Maybe was it therefore that the director chanced

knuffa till den unge man, som lugnt och värdigt
to shove into the young man who calm and dignified
(to bump)

steg   ut genom restaurangdörren när direktören
stepped out through   the restaurant door when the director

steg in.
stepped in

"Förlåt!" sade Askengren och förde två fingrar till
Sorry   said Askengren and put two fingers to

mösskärmen.
the cap visor
(mössa-skärmen)

"Drummel!" svarade den unge mannen kallt.
Lout   answered the young -the- man cold

Direktör Askengren stannade.
Director Askengren   stood still

"Mitt namn är direktör Askengren", sade han. "Och
My   name is director Askengren   said he   And

jag är inte van att bli tilltalad på det viset."
I am not used to become talked to on that manner
                                             (in)

"Jag är baron Silverbuckla, och jag byter inte
I   am baron Silverbuckla   and I exchange not

ord   med   ofrälse",   svarade   den   unge   mannen
words   with   commoners   answered   the   young   -the- man

likgiltigt   och   fortsatte   sin   väg.
indifferently   and   continued   his   way

Askengren   med   besättning   stannade   förbluffade   och
Askengren   with   crew   stopped   astonished   and

såg   efter   honom.
looked   after   him

"Säg   ett   ord,   Askengren",   sade   direktör   Boman   och
Say   a   word   Askengren   said   director   Boman   and

rätade   på   sina   breda   axlar,   "så   skall   vi
flexed   -on-   his   broad   shoulders   so   shall   we

doppa   honom   ett   slag.   Då   kanske   en   del   av
dip   him   a   whopper   Then   maybe   a   part   of
give him a beating

adelskapet   går   av   honom."
the nobility   goes   off   him

Men   Askengren   skrattade.
But   Askengren   laughed

"Strunt i pojken, gubbar. Det måtte väl vara
Rubbish in the boy guys That must well be

straff nog, att vara sådan där. Framåt på
punishment enough to be such there Forth on

böljan blå! Centiliterna väntar!"
the wave blue Centilitres await

Några timmar senare, när sommarnatten låg över
Some hours later when the summer night lay over

kobbarna etc. etc., nalkades direktör Askengren
the islands etc etc approached director Askengren

med besättning åter kajen för att släcka av med
with crew again the dock for to turn off with
                                        finish

en liten nattgrogg ombord, och sedan sova litet
a little night grog on board and then sleep (a) little

tills det blev tid att ge sig av igen.
until it became time to give themselves off again
        (was)   (set)

"Zuleika ohoj!" ropade Askengren och gasten
Zuleika ahoy called Askengren and the seaman

svarade.
answered

"Kom hit med jollen, Olson!"
Come here with the dinghy Olson

"Kommer, direktörn!" Och snart skilde sig
Coming director And immediately separated itself

jollens silhuett från jaktens.
the dinghy's shape from the yacht's

"Fö--hördömt skrik mitt i natten. Hupp!" sade
Da-hamned screams middle in the night Hiccup said

en röst, vars förnäma nasalton något
a voice whose distinguished nasal tone somewhat

stördes av en viss sluddrighet, och baron
was distorted of a certain slur and baron
(by)

Silverbuckla steg med något vajande gång fram
Silverbuckla stepped with somewhat swaying walk from

ur skuggan av ett skjul.
out (of) the shadow of a shed

"Nu", sade direktör Boman, "kan ingen makt i
Now said director Boman can no power in

världen hindra mig att doppa honom."
the world prevent me to dunk him

Men Askengren höll honom tillbaka.
But Askengren held him back

"Mig lyster tala lite med denne stolte ädling.
Me pleases to talk (a) little with that proud noble

Stilla ditt blodiga svärd ett slag! Jag har en liten
Still your bloody sword a strike I have a little
(Sheath) (turn)

idé om hur man skall ta den värsta högfärden
idea for how one shall take the worst haughtiness

ur kroppen på honom."
out (of) the body on him
(of)

Silverbuckla stannade på två stegs avstånd från
Silverbuckla stood on two steps distance from

sällskapet och granskade dem genom sin
the company and peered (at) them through his

monokel, som han med möda lyckades hålla
monocle which he with trouble managed to hold

kvar i högra ögonvrån.
in position in right the eye corner
in his right eye

"Här ska--va-hara tyst--hupp--om nätterna. Tyst,
Here sha-ha-hall (be) quiet-hiccup-in the nights Quiet

säger jag!"
say I

"Gå er väg!" sade Askengren stramt. "Jag tål
Go your way said Askengren stiff I tolerate

ingen inblandning av plebejer."
no mingling of plebeians

Baronen vacklade ett par steg tillbaka.
The baron staggered a few steps back

"Ple-plebejer! Kallar ni me--hej plebej? En sådan
Ple-plebeians Call you me-he plebeian A such

oför--skörskämdhet!"
bru-trutality

143

"Jag är greve Gyllenkrona, och jag byter inte
I am count Goldencrown and I exchange no

ord med ofrälse!"
words with commoners

Askengren vände sig likgiltigt från honom.
Askengren turned himself indifferent from him

"Ofrälse! Mitt namn är Silverb--buckla,
Commoners My name is Silverb-buckla

baharon--hupp--Bilversuckbuckla!" sade Silverbuckla
baharon-hiccup-Bilversuckbuckla said Silverbuckla

med stolthet. "Jag är ta mej kahatten inte
with pride I am take me the cahat not
(the cat)

ofrälse!"
(a) commoner

Askengren blev genast idel älskvärdhet.
Askengren became immediately sheer amiability

"Nå, det var en annan sak. Särdeles angenämt
Now that was an other thing Extraordinarily pleased

att göra barons bekantskap. Låt oss glömma vår
to make (the)barons acquaintance Let us forget our

lilla meningsskiljaktighet, baron, och följ med mig
little disagreement baron and follow with me

ombord på min jakt!"
on board on my yacht

Silverbuckla log och sträckte fram sin smala
Silverbuckla smiled and extended forth his small

hand.
hand

"Gläder mehej att träffa er, herr--hupp--greve. Vill
Glads me-he to meet you lord-hiccup-count Will
(Pleases)

ni föreställa--ställa mig för ert sällhällskap? Det
you introduce-duce me for your com-hompany That
(to)

skall bli mehej ett nöje, att gå ombord på er
shall become me-he a joy to go on board on your
(be)

charmanta jakt!"
charming yacht

Och Askengren föreställde.
And Askengren introduced

"Greve Lejonklo, greve Schaber och baron
Count Lionclaw count Schaber and baron

Bom--hm--Bolschevitch, rysk släkt, som ni
Bom-hm-Bolsjevitsj Russian family as you

förstår."
understand

Silverbuckla kom i gott humör.
Silverbuckla came in good mood

"Verkligen--hupp--roholigt att träffa 'människor'.
Truly-hiccup-nihice to meet people

Förut fahanns här bara boskap, så--hupp--jag
Before were fouhound here only cattle so-hiccup-I

måste roa mig själv i kväll. Lyckligtvis
must entertain my self in (the) evening Fortunately
(had to)

hade jag lite whisky, så..."
had I (a) little whisky so

"Olson, för baron ombord!" sade direktör
Olson take (the) baron on board said director

Askengren. "Baron Bolschevitch får nog plats i
Askengren Baron Bolsjevitsj gets still place in

jollen också."
the dinghy also

Med något besvär hjälptes Silverbuckla ombord,
With some trouble was helped Silverbuckla on board

och direktör Boman följde efter, men först sedan
and director Boman followed after but first after

han utbett sig Askengrens medgivande att få
he begged himself Askengren's consent to get (make)

kantra båten, och endast motvilligt förmåtts att
overturn the boat and only reluctantly was able to

avstå från sitt uppsåt.
yield from his intention

När baronen med något besvär förts ombord
When the baron with some trouble was taken on board

följde **de** **övriga** **ädlingarna** **efter,** **och** **sedan**
followed the other -the- nobles after and then

vidtog **utan** **onödigt** **dröjsmål** **ett** **av** **de**
took place without unnecessary delay one of the

kraftigaste **sjöslag** **Silverbuckla** **någonsin** **haft**
most powerful sea battles Silverbuckla at any time had
(greatest)

förmånen **att** **bevista.** **Med** **energi** **och**
the privilege to attend With energy and

målmedvetenhet **verkade Askengren för att**
purposefulness worked Askengren for that
Askengren made sure that

innehållet **i** **en** **helbutelj** **whisky** **skulle** **försvinna**
the content in a whole bottle (of) whisky should disappear

genom **baronens** **strupe,** **och** **när** **detta** **mål** **efter**
through the baron's throat and when that goal after

en **timme** **var** **uppnått,** **sjönk** **ädlingen** **tyst** **och**
an hour was achieved sank the noble silent and

stillsamt **ned** **på** **durken,** **där** **han** **blev** **liggande,**
tranquil down on the deck there he became lying
(where)

utan att med annat än en stönande andning
without that with else than a moaning breathing
without anything else

röja att han ännu levde.
showed that he still lived

När direktör Askengren efter upprepade försök
When director Askengren after repeated attempts

övertygats om att baronen omöjligen kunde
was convinced about that the baron impossibly could

förmås att svälja en enda droppe till ropade han
be made to swallow a single drop to called he
(more)

på sin gast.
on his sailor

"Olson, kläd av den där karlen. Alltihop, även
Olson cloth off that there -the- bloke Everything even

underkläderna!"
the underclothes

"Aj, aj, kommendrökapten!" svarade Olson, ty så
Ay ay commander captain answered Olson since so

var han dresserad att svara, och började genast att
was he trained to answer and began at once to

med snabbhet och omsorg utföra sitt värv.
with speed and carefulness fulfill his work

"Klart, kommendörkapten!" rapporterade han en
Ready commander captain reported he a

stund senare, när Silverbucklas vita lekamen låg
moment later when Silverbuckla's white -the- body lay

naken utsträckt på durken.
naked stretched out on the deck

"Kläd nu på honom en skjorta, ett par byxor och
Cloth now on him a shirt a few pants and

en tröja av sina egna, men inte landgångsriggen,
a sweater of his own but not the land visit outfit

utan det sämsta han har, och lägg honom sedan i
but the worst he has and put him after in

plikten."
the duty
(the hold)

"Aj, aj, kommendörkapten!"
Ay ay commander captain

Snart nog låg Silverbuckla, iklädd en sjömans
Soon enough lay Silverbuckla clothed in sailor's

skepelse, och sov i plikten, och då fick Olson
creation and slept in the duty and then got Olson
(the hold)

sin sista order.
his last order

"Gå nu i land, Olson, och tag kläderna med
Go now in land Olson and take the clothes with

sig. Lämna dem på baron Silverbucklas rum på
yourself Leave them on baron Silverbuckla's room at

hotellet. I morgon kväll möter han mig här."
the hotel In the morning evening meets he me here
Tomorrow

"Aj, aj, kommendörkapten", svarade Olson, varefter
Ay ay commander captain answered Olson where after

han tog kläderna och försvann ur historien.
he took the clothes and disappeared from the story

"O, mitt huvud, mitt arma huvud!" stönade baron
Oh my head my poor head moaned baron

Silverbuckla, och sträckte ut handen efter
Silverbuckla and extended out the hand after
(to)

ringledningsknappen. Han trevade några ögonblick
the ringwiringbutton He fumbled some moments
(the electric bell)

över en grov plankvägg, återvann så småningom
over a rough plankwall won back so smallish-wise
(bit by bit)

mera medvetande och slog upp ögonen.
more consciousness and struck up the eyes
opened

Var i herrans namn var han? Han tänkte efter,
Where in the lord's name was he He thought -after-

men hjärnan snurrade som ett gyroskop, dock
but the brain turned as a gyroscope however

utan gyroskopets jämvikt. Allt var mörkt omkring
without the gyroscope's balance All was dark around

honom och någonstans i närheten plaskade vatten,
him   and   somewhere   in the vicinity splashed   water

han   tyckte   sig   stiga   och   falla.   Dessa
he   felt   himself   rise   and   fall   That

sjögångssymptom   hade   han   förut   erfarit   när
seafaring symptom   had   he   before experienced when

han vaknat utan att veta var han befann sig,
he woke without to know were he found himself

så dem fäste han sig inte så mycket vid, men
so that fixed he himself not so much at   but

de   främmande föremål, som   hans   i   mörkret
the   strange   objects   which his   in the darkness

trevande händer stötte emot, förbryllade honom.
fumbling hands bumped against confused   him

Hans hjärna klarnade allt mer trots det hårda
His   brain cleared all more in spite of the hard

och regelbundna dunkandet i tinningarna och så
and rhythmic   beating   in the temples and so

småningom började han   förstå,   att han befann
smallish-wise   began   he   to understand that he   found
(bit by bit)

sig   ombord på en båt. Han funderade en stund,
himself on board on a boat He   wondered a   while

men kunde inte minnas   något av föregående
but   could not remember anything of   last

natts erfarenheter, med undantag av att han i sitt
nights experiences with exception of that he in his

hotellrums enslighet druckit ett par,   tre groggar
hotel room's loneliness drank   a pair three grogg's
                                  (two)

med   sig   själv, och sedan gått ut för att
with himself -self- and after went out for   to

promenera.
walk

"Antagligen har vännen Gyllenkula kommit in till
Probably   has the friend Goldenball   come   in to

Lyngsö med 'Bianca', och jag har kommit ombord
Lyngsö with Bianca   and I have come on board

till dem och fått ett par groggar mer än jag
to them and got a few grog's more than I

tålde", resonerade han.
tolerated reasoned he

Han trevade omkring sig och fick tag i
He fumbled around himself and got hold in

ankaret.
the anchor

"Ja, visst, så är det!" tänkte han. "Och så har jag
Yes sure so is it thought he And so have I

på något sätt drumlat ner i det här hålet, där
on some side blundered down in this here hole there
  in some way

dom har ankaret och de andra grejorna och det
they have the anchor and the other -the- stuff and that

där ofrälse fät som sätter seglen åt dem och
there rabble makes what sets the sail out them and

sitter till rors när det blåser. Nordström eller
sits at the helm when it blows Nordstream or

155

Söderman eller vad det nu är för osmaklig
Southman or what that now is for tasteless

benämning han har. Fördömt sätt av pojkarna för
name he has Damned way of the boys for

resten, att låta mig ligga på det här ovärdiga
the rest to let me lie on this here unworthy
(in)

viset."
manner

"Gyllenkula!" skrek han så högt han orkade.
Goldenball yelled he so high (as) he managed
(loud)

"Gyllenkula!"
Goldenball

Ovanför Silverbucklas huvud lyftes en lucka,
Above Silverbucklas head was raised a trapdoor

och med ens var guds fria natur inne hos honom.
and with once was gods free nature in with him
(at)

Ett strålande solsken och en frisk bris fläktade
A beaming sunshine and a fresh breeze blew

svalt in och hans öron smektes av vågornas
coolly in and his ears were caressed by the waves'

glada brus och knarrningarna från riggen av en
cheerful noise and the creakings from the rigging of a

jakt under segel.
yacht under sail

Men några ögonblick senare förmörkades luckan
But some moments later was darkened the trapdoor

av en människa. Det var en för Silverbuckla
by a person It was a for Silverbuckla

fullkomligt okänd man av fullkomligt ofrälse
totally unknown man of fully commoner

snitt. En stor, kraftig karl, solbränd och litet
cut A large powerful guy sunburned and (a) little
(sort)

rödbrusig och i segelsällskapets uniform.
red-cheerful and in the sail company's uniform
(red faced)

"Var är Gyllenkula?" frågade Silverbuckla med all
Where is Goldenball asked Silverbuckla with all

den lilla värdighet han för ögonblicket kunde
the little dignity he for the moment could

uppbringa.
muster

"Upp nu med sig, Olson, och ligg inte där som
Up now with yourself Olson and lie not there like

ett svin!" svarade herrn i segeluniformen.
a pig answered the gentleman in the sailor's uniform

"Vem katten talar karlen till!" tänkte Silverbuckla.
Who the cat talks the guy to thought Silverbuckla

"Det såg min själ ut som om han riktat sig
That looked my soul -out- as if he directed himself

till mig."
to me

"Hör inte Olson vad jag säjer?" frågade karlen med
Hears not Olson what I say asked the guy with

skarpare röst. "Upp, säjer jag! Vi ha varit under
sharper voice Up say I We have been under

segel   i   två   timmar,   men   jag   har   verkligen   varit
sail   in   two   hours   but   I   have   really   been
   (for)

hygglig   nog   att   låta   Olson   sova   ut.   Men   det   kan
nice   enough   to   let   Olson   sleep   out   But   that   can
                  (in)

jag   tala   om   för   honom,   att   om   han   en   gång   till
I   tell   about   for   him   that   if   he   one   time   more

kommer   ombord   i   ett   sådant   tillstånd   som
comes   on board   in   a   such   (a) condition   as

i   går   kväll,   så   får   han   gå   i   land
in   go   evening   so   get   he   to go   in   land
yesterday

på   ögonblicket."
on   the moment
immediately

Silverbuckla   häpnade.   Karlen   talade   verkligen   till
Silverbuckla   gasped   The man   talked   really   to

honom.   Det   fanns   ingen   möjlighet   att   misstaga
him   That   was found   no   possibility   to   mistake

sig   på   den   saken.   Det   var   tydligen   misstag
himself   on   that   -the- case   That   was   clearly   mistake

på person,   ett   fruktansvärt   misstag   på person.
on   person   a   horribly   mistake   on   person
of identity   of identity

Hela   Silverbucklas   inre   uppreste   sig   emot   att
Whole   Silverbuckla's   inner   rose up   itself   against   to

bli   tagen   för   en   Olson.
become   taken   for   an   Olson

Mödosamt   satte   han   sig   upp,   reste   sig   så
With difficulty   sat   he   himself   up   rose   himself   so

småningom   på   alla   fyra,   och   stod   till   slut   i   luckan.
smallish-wise   on   all   four   and   stood   to   end   in   the hole
(bit by bit)   finally

Vinden   svepte   kring   hans   brännande   tinningar.   Det
The wind   swept   around   his   burning   temples   That

kändes   skönt.
felt   beautiful
(great)

Omkring   honom   låg   Stockholms   skärgård   i
Around   him   lay   Stockholms   archipelago   in

strålande   morgonsol,   grönklädda   holmar   tecknade
radiant   morningsun   green clothed   islets   drew
(outlined)

sig | som | en | smaragdkant | kring | en | fjärd | där
themselves | like | a | emerald rim | around | a | bay | there (where)

de | vita | gässen | jagade | varandra | över | vågtopparna.
the | white | geese | chased | eachother | over | the wave tops

Själv | befann | han | sig | ombord | på | en | tämligen
Self | found | he | himself | on board | on | a | rather

stor | segeljakt, | som | låg | med | näsan | ut | mot
large | sail yacht | which | lay | with | the nose | out | towards

havet; | ur | sittrummet | stirrade | några | glada,
the sea | out (of) | the sitting room | stared | some | gay

borgerliga | ansikten | under | segelsällskapsmössor
middle-class | faces | under | sail-company-caps

mot | honom, | och | hög | som | ett | torn | stod | den
towards | him | and | high | like | a | tower | stood | the

vilt | främmande | människa, | som | kallat | honom
wild (totally) | strange (unfamiliar) | man | who | called | him

Olson, | på | däcket | ovanför | honom, | och | betraktade
Olson | on | the deck | above | him | and | looked at

honom med ett godmodigt, men dock mycket
him with a friendly but however much

bestämt ansikte.
decided face

"Nåå, hur går det?" frågade han.
Now how goes it asked he

"Min herre!" svarade Silverbuckla stelt. "Hur jag
My sir answered Silverbuckla stiff How I

kommit ombord på den här jakten vet jag inte,
came on board on this here yacht know I not

och ännu mindre förstår jag anledningen till att
and still less understand I the reason to that

ni kallat mig Olson, men i varje fall känner jag
you call me Olson but in each case know I

er inte och anhåller att genast bli satt i land."
you not and insist to at once become set in land
(on)

Mannen i segelmössan skrattade.
The man in the sailing cap laughed

"Bakruset sitter i ännu, tror jag. Hissa upp en
The hangover sits in still believe I Hoist up a
is still there

pyts vatten och spola huvudet med, så blir
bucket (of) water and rinse the head with so becomes

nog Olson bättre. Och städa sedan i kojerna."
enough Olson better And clean then in the bunks
(yet)

Silverbuckla klev upp på däck, ställde sig
Silverbuckla stepped up on (the) deck set himself

mitt framför den talande och såg honom
middle before the speaking (person) and looked him
(right)

kallt i ögonen.
cold in the eyes

"Mitt namn är baron Silverbuckla och jag begär att
My name is baron Silverbuckla and I desire to

genast bli satt i land."
at once become set in land

En kör av skratt steg upp ur sittrummet, och
A chorus of laughter rose up from the sitting room and

en av herrarna där reste sig.
one of the gentlemen there rose himself

"Det är bäst att slå en sladd om hans
That is best to beat a cord around his

högvälborenhet och skölja honom ett slag. Jag har
high-well-born and rinse him a strike I have
(turn)

hela tiden tyckt att en doppning skulle göra
whole the time thought that a dip should do

honom gott. En sån jädrans baron! Titta på'n,
him well A such darned baron Look at'im

gossar, så där ser en svensk ädling ut!"
goys so there looks a swedish noble -out-

Silverbuckla såg ned på sina kläder, och åter
Silverbuckla looked down on his clothes and again

började världen snurra runt för honom. Var detta
began the world spin round for him Were that

verkligen han? En sweather med hål för
really him A sweater with holes for

armbågarna prydde hans lekamen, och elegansen
the elbows   adorned   his   body   and   the elegance

avslutades nedtill av ett par smutsiga blå byxor
was finished down to of a pair   dirty   blue pants

och dito smärtingskor med gummisulor.
and ditto canvas shoes with   rubber soles

Gode Gud, vilken toalett! Och hur hade han
Good   God   which   toilet   And   how   had   he
                      (dress up)

råkat   bli   klädd på det viset. Han försökte
managed to become dressed on that manner   He   tried

erinra   sig vad som passerat kvällen förut,
to remember himself what that   passed   the evening before

men förgäves. Det   fanns ett stort tomrum i
but   in vain   That   was found   a   large empty room in
                 (There)

hans minne.
his   memory

"Men mina   herrar", sade han. "Det här är ett
But   my   gentlemen   said   he   That here is   a

förskräckligt misstag, som för mig är fullkomligt
terrible mistake which for me is totally

oförklarligt. Jag är baron Silverbuckla, och bor för
inexplicable I am baron Silverbuckla and reside for (at)

närvarande på Lyngsö. Jag har bott där den
present on Lyngsö I have resided there the

senaste veckan, och i går kväll gick jag ut för
last -the- week and in goes evening went I out for
yesterday

att ta mig en promenad. Sedan minns jag
to take myself a walk Then remember I

ingenting mer, varken hur jag kommit hit eller
nothing more neither how I came here or (nor)

hur jag blivit klädd så här. Skulle herrarna
how I became dressed so here Should the gentlemen

möjligen kunna förklara saken?"
possibly be able to explain the thing

Askengrens ansikte mulnade.
Askengren's face clouded
(became angry)

"Mycke bakrus har jag sett", sade han, "och en
Many hangovers have I seen said he and a

hel del har jag själv varit utsatt för, men det
whole part have I self been set out for but that

här slår, ta mig tusan, rekord. Karlen
here hits take me thousand (little devils) record The man
(the devil)

tycks tro på vad han säjer. Antagligen har han
thinks really at what he says Presumably has he

drömt något när han låg nere i plikten full
dreamed something when he lay down in the hold ful

som en alika, och det sitter kvar i huvet på
like a jackdaw and that sits left in the head at
(put)

honom. Ryck upp sig, Olson, och gå ned och
him Pull up yourself Olson and go down and

städa!"
clean

"Men min herre, jag är--"
But my gentlemen I am

"Ja, jag vet att Olson är greve Gyllensilver och
Yes I know that Olson is count Gyllensilver and

att han har legat på Lyngsö och vräkt sig
that he has lain on Lyngsö and evicted himself

bland societeten den senaste veckan, men jag
between the society the last -the- week but I

vet också att herr greven heter Olson och varit
know also that mr count is called Olson and was

min gast här ombord på 'Zuleika' i fjorton dar,
my sailor here on board on (the) Zuleika in fourteen days

och den sämsta gast jag haft, till på köpet, supig
and the worst sailor I had for on purchase boozy

och okunnig, och om inte herr greven behagar
and ignorant and if not mr count pleases

lyda order, så ska tusan ta Olson."
to obey orders so shall thousand (little devils) take Olson
(the devil)

Silverbuckla greps plötsligt av två kraftiga
Silverbuckla was grabbed suddenly by two powerful

nävar,	omskakades	som	en	vante,	och	slängdes
fists	shaken	like	a	glove	and	thrown

akterut.
backwards

"Ner nu och städa, Olson, sen tar han svampen
Down now and clean Olson then takes he the sponge

och torkar däcket, sen diskar han det som
and wipes the deck then cleans dishes he that what

står kvar sen i går och sen lagar han frukosten.
stands left after in goes and then sets he breakfast
yesterday

Rör på spelet, annars skall jag sätta liv i hasorna
Move on the game or shall I set life in the hocks

på honom."
on him

"Hörnu, min herre, jag protesterar mot denna
Hear now my gentlemen I protest against this

ovärdiga be..."
unworthy trea...
(behandling; treatment)

169

"Tyst!" röt Askengren och kom närmare. "Inte
Silence bellowed Askengren and came closer Not

ett ord mer om de där dumheterna, för
a word more about they there dumbnesses for

då smäller det, förstår Olson."
then slams it understands Olson
then you'll get a beating

"Doppa honom, så blir han nog förståndigare",
Dip him so becomes he yet more sensible

uppmanade grosshandlare Boman förhoppningsfullt,
exhorted wholesaler Boman hopeful

men efter en blick på Askengrens beslutsamma
but after a look on Askengren's determined

ansikte försvann Silverbuckla utan vidare
face disappeared Silverbuckla without more

protester ned i salongen.
protests down in the salon

Där satte han sig en stund och funderade över
There sat he himself a while nad wondered over

situationen. Den var omöjlig, totalt omöjlig, och
the situation   That   was   impossible   totally   impossible   and

dock var den faktisk. Han, friherre Baltzar
however   was   it   a fact   He   free lord   Balthazar

Kasimir Silverbuckla, hade på något underbart sätt
Kasimir   Silverbuckla   had   on   some   strange   side
(way)

blivit iförd gamla paltor och placerad ombord
become   dressed (in)   old   rags   and   placed   on board

på en främmande båt, bland fyra vilt främmande
on   a   strange   boat   between   four   wild   strange
(unfamiliar)   (totally)

människor av upprörande ofrälse typ. Och dessa
persons   of   outrageous   commoner   sort   And   these

människor kallade honom Olson, och behandlade
persons   called   him   Olson,   and   treated

honom som om han vore gast ombord. Och detta
him   as   if   he   were   crew   on board   And   that

tycktes de göra i god tro. Var han verkligen en
thought   they   do   in   good   trust   Were   he   really   an

Olson? Hade han varit gast ombord här i fjorton
Olson Had he been crew on board here in fourteen

dar? Han stirrade in i ett stort mörker utan
days He stared inside in a great darkness without

den minsta lilla ljusglimt. Nej, säga vad man
the least little glimmer of light No say what one

säga ville, han var dock en Silverbuckla, och
say wants he was however a Silverbuckla and

skulle hellre låta slå ihjäl sig än han gjorde
should rather let strike to death himself than he did

drängtjänst åt någon, vem det vara månde.
forced service for anyone whom(ever) it be might

Detta stolta och manliga beslut sammanstörtade
That proud and manly decision together-crashed

dock lika plötsligt som det fattats, ty
however similarly sudden as it was made there

Askengrens solbrända ansikte avtecknades plötsligt
Askengren's sunburned face outlined suddenly

mot himlen och livligt uppmuntrad av hans
against the sky and lively energized of his

tillrop, började Silverbuckla städa.
call began Silverbuckla to clean

Att koka vatten och diska blev hans nästa
To boil water and clean dishes became his next

göromål, vilket utfördes först efter hot om
chore which was executed first after threat for
(only) (to)

allvarlig kroppsaga, sedan fick han tvätta
true corporal punishment then got he to clean

däcket, servera en lättare sillfrukost och syssla
the deck serve a lighter herring breakfast and get busy
(light)

med en hel del annat, som han aldrig drömt
with a whole part else which he never dreamed
a lot else

om att hans aristokratiska händer någonsin skulle
of that his aristocratic hands any time should

behöva befatta sig med.
need to busy itself with

Mellan varje göromål, och ofta mitt under
Between each chore and often middle under

utförandet av de värv han fått sig ålagda,
the execution of the tasks he made himself fine

försökte han protestera och förklara sin identitet,
tried he to protest and explain his identity

men alla dylika försök nedtystades kraftigt och
but all such attempts were down silenced powerful and
(were interrupted) (vigorously)

summariskt.
summarily

Och när han för sjunde gången blev befalld att
And when he for seventh -the- time became ordered to

langa upp vatten ur islådan teg han
pass up the water from the ice drawer remained silent he

och lydde. Han hade kommit till insikt om, att
and obeyed He had come to (the) insight for to

protester inte tjänade till någonting; de ledde bara
protests not served to anything they lead only

till obehag. Det bästa vore nog att tiga, och låta
to discomfort The best were still to be silent and let

polisen ta hand om saken när han kom i
the police take hand about the case when he came in
              (of)   (on)

land. Till dess beslöt han att resignera.
land Until that decided he to resign (himself)

Under de närmaste två timmarnas segling
Under the closest two -the- hours sailing
(During)   (last)

uppväckte han därför sin arbetsgivares livliga
woke up he therefore his job-givers' lively
                              (employers')

gillande genom att lyda order, inte som en
liking through to obey orders not like a

örlogsmatros visserligen, men han lydde i alla fall,
war-sailor surely but he obeyed in all falls
                                            in any case

och ådrog sig därigenom en serie
and incurred himself through that a serie(s)

uppmuntrande tillrop från grosshandlare Bomans
(of) encouraging calls from wholesaler Bomans

sida, vilket dock, underligt nog, inte tycktes
side which however wondrously enough not seemed
(strangely)

glädja honom så mycket som Boman avsett.
to please him so much as Boman intended

Men när man gjort an kajen vid Skärgårdsholms
But when one did on the dock at Skärgardsholms

stad, och herrarna gått upp på hotellet, steg
city and the gentlemen went up on the hotel stepped

Silverbuckla i land. Vid ett hörn stod platsens
Silverbuckla in land At a corner stood the place's
(on)

poliskonstapel inbegripen i samtal med en
police constable included in conversation with a
(involved)

kvinnlig bekant, och Silverbucklas blick var grym
female familiar and Silverbuckla's look was grim

och hård när han nalkades denne lagens
and hard when he approached that place's

representant.
representative

"Mitt namn är baron Silverbuckla!" sade han.
My name is baron Silverbuckla said he

Konstapelns lantligt troskyldiga blick avspeglade en
The constable's rural ingenuous look mirrored a

med tvivel blandad förvåning, och hans kvinnliga
with doubt mixed wonder and his female

sällskap fnittrade till. De hade tydligen inte tänkt
company giggled -to- They had clearly not thought

sig att en bärare av detta stolta, om ock
themselves that a bearer of that proud if also

något färska namn brukade se ut på det där
somewhat refined name used to see out on that there
should look

viset.
manner

Silverbuckla rodnade.
Silverbuckla became red (in the face)

"Jag önskar ange en person, som tycks
I wish to denounce a person who seems

heta	direktör	Askengren,	och	som	för
to be called	director	Askengren	and	who	for

närvarande	uppehåller	sig	på	hotellet."
(the) present	upholds	himself	at	the hotel
	(resides)			

"Jaså",	svarade	konstapeln	sävligt.	"Va	ä
Yes so	answered	the constable	leisurely	What	is
				(dialect: Vad)	(dialect: är)

de	som	han	sulle	ha	gjort	då?"
it	which	he	should	have	done	then
(dialect: det)			(dialect: skulle)			

"Han	har	med	våld	bortfört	mig	ombord	på	sin
He	has	with	violence	away taken	me	on board	on	his

segelbåt	och	underkastat	mig	en	upprörande
sailboat	and	subjected	me	(to) a	outrageous

skamlig	behandling."
shameful	treatment

Konstapeln	såg	fundersam	ut,	ett	dylikt	fall
The constable	looked	pensive	-out-	a	such	case

hade	tydligen	aldrig	förr	förekommit	i	hans
had	clearly	never	before	happened	in	his

erfarenhet. "Hm", sade han. "Och den däringa
experience Hm said he And that there

Askengren sulle ha gjort dä?"
Askengren should have done there
(dialect: skulle)

Silverbuckla öppnade munnen för att svara, men
Silverbuckla opened the mouth for to answer but

avbröts plötsligt av en röst, som han redan
was broken off suddenly by a voice which he already
(was interrupted)

kände allt för väl:
knew all too well

"Gå ombord, Olson!"
Go on board Olson

Bakom honom stod Askengren, och konstapeln
Behind him stood Askengren and the constable

gjorde vördnadsfullt honnör för
made respectfully honor for

segelsällskapsuniformen och det välmående
the sailing company's uniform and the prosperous

utseendet.
appearance

"Gå ombord, Olson!" upprepade Askengren, och
Go on board Olson repeated Askengren and

vände sig sedan till konstapeln. "Karlen är inte
turned himself then to the constable The man is not

vid sina sinnens fulla bruk. Han har varit redlöst
with his minds full use He has been senseless

berusad kväll efter kväll ett par veckor, och nu
drunk evening after evening a few weeks and now

har han huvudet fullt av sådana där underliga
has he the head full of such there strange

idéer."
ideas

"Tro inte på honom", inföll Silverbuckla. "Jag
Believe not -on- him fell in Silverbuckla I
(interrupted)

är baron--"
am baron

"Jaså, är han baron nu", avbröt Askengren brutalt.
Yes so is he baron now broke off Askengren rude
                  (interrupted)

"I förmiddags påstod han att han var kejsar
In (the) afternoon insisted he that he was emperor

Wilhelm. Det går visst nedåt på rangskalan. Vill
Wilhelm That goes surely down on rank scale Will

konstapeln vara god och se till att han kommer
the constable be good and see to that he comes

ombord, och att han stannar där. Och hör inte på
on board and that he stays there And hear not on

hans dumheter."
his nonsense

Silverbucklas protester tjänade till ingenting.
Silverbuckla's protests served to nothing

Konstapeln grep honom i armen och förde
The constable grabbed him in the arms and took
                  (by)

honom ombord på "Zuleika", och höll sig sedan
him on board on (the) Zuleika and held himself then

envist — på — kajkanten — ända — tills — Askengren — med
stubbornly — on — the dockside — end — to — Askengren — with

sällskap — kom — ombord.
company — came — on board

Hemresan — blev — inte — angenäm — för — Silverbuckla.
The home trip — became — not — pleasant — for — Silverbuckla

Ett — par — upprorsförsök — kvävdes — summariskt,
A — few — rebellion attempts — were extinguished — summarily

och — till — slut — fann — han — sig — åter, — fast — med
and — to — end — found — he — himself — again — though — with

ytterlig — motvilja — i — att — utföra — Askengrens
utter — dislike — in — to — execute — Askengren's

befallningar.
orders

Det — var — långt — lidet — på — eftermiddagen — när — de — åter
It — was — long — passed — on — the afternoon — when — they — again

närmade — sig — Lyngsö — båthamn, — och
approached — themselves — Lyngsö — boat harbour — and

Silverbucklas hjärta lättades när han såg att
Silverbuckla's heart lightened when he saw that

"Zuleika" höll nästan rätt in mot kajen. I
(the) Zuleika held almost straight in towards the dock In

Lyngsö visste alla vem han var, och nu skulle
Lyngsö knew all who he was and now should

vedergällningen drabba Askengren och hans
the retribution smite Askengren and his

medbrottslingar.
accomplices

Därför lydde han också med överraskande
Therefore obeyed he also with surprising

villighet när Askengren sade:
willingness when Askengren said

"Upp, Olson, och lägg ut friholtarna."
Up Olson and put out the freeholds
(the fenders)

Men när Silverbuckla stod böjd ut över relingen
But when Silverbuckla stood bend out over the railing

för att lägga ut en friholt reste Boman sig ur
for to put out a fender rose Boman himself from

sittrummet och lät sin handflata med ett väldigt
the sitting-room and let his hand palm with a great
(the salon)

slag drabba den blå byxbak, som var riktad
blow hit the blue pants back which was directed

mot honom.
towards him

Som en torped sköt Silverbuckla ut från sidan,
Like a torpedo shot Silverbuckla out from the side

och när hans huvud några ögonblick senare kom
and when his head some instances later came

upp ur vattnet, låg "Zuleika" för fulla segel ut
up from the water lay (the) Zuleika for full sails out
(with)

från honom.
from him

"Adjö Olson!" dånade Bomans kraftiga röst över
Adieu Olson boomed Bomans powerful voice over
(Bye bye)

vattnet. "Tack för sällskapet. Sina kläder finner han
the water / Thanks / for / the company / His / clothes / finds / he

i Silverbucklas rum på hotellet."
in / Silverbuckla's / room / at / the hotel

Fyra solbrända nävar vinkade farväl åt honom, och
Four / sunburned / fists / waved / farewell / at / him / and

med dröjande tag sam baron
with / hesitating / strokes / swam / baron
(archaic: simmade)

Silverbuckla mot land.
Silverbuckla / towards / land

www.ingramcontent.com/pod-product-compliance
Lightning Source LLC
LaVergne TN
LVHW051233080426
835513LV00016B/1564